국민대학교 국제교육원
Institute of International Education
Kookmin University

국민 한국어 3 워크북

WORKBOOK

KOOKMIN KOREAN

국민 한국어 3 워크북

국민대학교 국제교육원 한국어교육센터 편

초 판 1 쇄 2019년 06월 15일
초 판 2 쇄 2020년 11월 12일
초 판 3 쇄 2022년 12월 16일
초 판 4 쇄 2023년 06월 19일
초 판 5 쇄 2024년 01월 30일
초 판 6 쇄 2025년 01월 20일
초 판 7 쇄 2026년 03월 16일

편 집 인 국민대학교 국제교육원
집 필 진 이효정, 최수현, 반소연, 이경진, 정주희
감 수 이동은, 정연희

발 행 인 정승렬
발 행 처 국민대학교 출판부
등 록 1975년 6월 17일 제6-33호
주 소 서울특별시 성북구 정릉로 77
전 화 02-910-4242
팩 스 02-910-4240

인 쇄 동방인쇄공사
전 화 02-468-0301
삽 화 김시언

ISBN 978-89-7812-443-0

값 13,000원

목차

01과 학교생활 1

어휘 · 표현

1. 그림을 보고 알맞은 어휘를 골라 쓰십시오.

궁금하다	어색하다	다행이다	긴장되다	반갑다

1) (   )

2) (   )

3) (   )

4) (   )

5) (   )

2. 알맞은 어휘를 골라 대화를 완성하십시오.

개강일	수료식	중간시험	서류

1) 가: 이번 여름 학기 3급 ________________ 이/가 언제인지 알아?

나: 이번 달 20일부터 수업을 시작하니까 다음 주 월요일이야.

2) 가: 이번 학기가 끝나면 뭐 할 거예요?

나: ______________________이/가 끝나자마자 바로 고향으로 돌아갈 거예요.

3) 가: 선생님, 다음 주에 보는 시험은 몇 과부터 몇 과까지 공부하면 돼요?

나: 이번 ______________________은/는 1과부터 8과까지 공부하면 돼요.

4) 가: 비자를 연장하려면 어떻게 해야 돼요?

나: 신청 기간까지 제출 ______________________을/를 사무실에 내면 돼요.

3. 알맞은 어휘를 골라 문장을 완성하십시오.

필기하다

확인하다

물어보다

참여하다

1) 수업 시간에 궁금한 것이 있으면 선생님이나 친구들에게 꼭 ____________________(으)세요.

2) 쉬운 내용은 공책에 안 적어도 괜찮지만 어렵거나 중요한 내용은 ____________________는 것이 좋아요.

3) 유학생 여러분을 위해 이번 행사를 준비했으니까 모두 적극적으로 ____________________아/어 주세요.

4) '적극적'이라는 단어의 뜻을 몰라서 사전을 찾고 의미를 ____________________았어요/었어요.

-아야/어야

1. 알맞은 표현을 골라 대화를 완성하십시오.

맵지 않다	시험이 끝나다	푹 쉬다
일이 다 끝나다	자막을 보다	이야기하다

1) 가: 퇴근 안 해요?

나: **일이 다 끝나야** 퇴근할 수 있어요. 오늘은 먼저 가세요.

2) 가: 한국 영화를 보면 다 이해할 수 있어요?

나: 아니요, ________________ 이해할 수 있어요. 그냥 보면 못 알아들어요.

3) 가: 같이 설악산에 놀러 갑시다.

나: ________________ 갈 수 있을 것 같아요. 요즘 시험 기간이거든요.

4) 가: 감기에 걸린 지 1주일이 넘었는데 낫지 않아요. 너무 힘들어요.

나: ________________ 감기가 나을 거예요. 오늘은 약속을 취소하고 집에 가요.

5) 가: 이 음식 맛 좀 봐 주세요.

나: 너무 맵네요. ________________ 아이들이 먹을 수 있어요.

6) 가: 어떻게 하면 한국어를 잘할 수 있어요?

나: 한국 사람과 많이 ________________ 한국어가 빨리 늘 거예요.

2. 보기 와 같이 대화를 완성하십시오.

보기

가: 학교 운동장에서 축구를 하고 싶은데 어떻게 해야 해요?

나: **학교 사무실에 신청서를 내고 예약을 해야** 운동장을 사용할 수 있어요.

1) 가: 아르바이트를 하고 싶은데 사무실에다가 이야기해야 해요?

나: 네. ________________ 아르바이트를 할 수 있어요.

2) 가: 어떻게 해야 건강해질 수 있을까요?

나: ______________________________ 건강해질 수 있어요.

3) 가: 친구하고 싸웠는데 화해하고 싶어요. 어떻게 하지요?

나: 미안하다고 말했어요? 먼저 ______________________ 화해할 수 있을 거예요.

4) 가: 듣기를 잘하려면 어떻게 하는 게 좋아요?

나: ______________________________ 듣기를 잘 할 수 있어요.

5) 가: 어떻게 하면 다른 나라로 유학을 가서 편하게 생활할 수 있을까요?

나: ______________________________ 편하게 생활할 수 있어요.

-는데도/(으)ㄴ데도

1. 관계있는 것을 연결하고 문장을 완성하십시오.

1) 장핑은 공부를 열심히 하다 •	• 언제나 웃다
2) 마키는 잘못했다 •	• 살이 찌지 않다
3) 형은 돈을 잘 벌다 •	• 사과를 하지 않다
4) 동생은 힘든 일이 많다 •	• 잘 쓰지 않다
5) 바트는 음식을 많이 먹다 •	• 성적이 좋지 않다
6) 투이는 비가 오다 •	• 우산을 안 쓰다

1) 장핑은 공부를 열심히 하는데도 성적이 좋지 않아요.

2) ______________________________.

3) ______________________________.

4) ______________________________.

5) ______________________________.

6) ______________________________.

2. 보기 와 같이 대화를 완성하십시오.

보기

가: 준수는 게임을 정말 좋아하는 것 같아요.

나: 맞아요. **감기에 걸려서 아픈데도** 게임을 한다고 했어요.

1) 가: 미나는 왜 계속 다이어트를 하는 거예요?

나: 저도 잘 모르겠어요. ______________________ 계속 다이어트를 하네요.

2) 가: 한국에서 고향 음식을 사 먹으려고 했는데 너무 비싸서 못 먹었어요.

나: 맞아요, 비싸요. 그래도 가끔은 ______________________ 사 먹어요.

3) 가: 연아 씨, 요즘 영화를 많이 보네요. 안 바빠요?

나: 기대되는 영화여서 ______________________ 시간을 내서 보러 갔어요.

4) 가: 우준이는 그 일에 대해서 정말 잘 아는 것 같아요.

나: 아니에요. ______________________ 잘 아는 것처럼 말하는 거예요.

5) 가: 지혜 씨, 여행을 가려고 학교를 쉬는 거예요? 걱정 안 돼요?

나: 여행을 너무 좋아하니까 ______________________ 학교를 쉬고 여행 가기로 했어요.

6) 가: 수지 씨, 오늘 모임에 왜 안 왔어요? 연락 못 받았어요?

나: 아니요, ______________________ 바빠서 못 갔어요.

-(으)ㄹ걸요

1. 보기 와 같이 대화를 완성하십시오.

> 보기
>
> 가: 장핑이 전화를 안 받네요. 무슨 일이 있는 걸까요?
>
> 나: 아마 지금 수업중이어서 **못 받을걸요.** 조금 이따가 다시 해 보세요.

1) 가: 학교 근처에 큰 병원은 없어요? 대학 병원까지 가려면 1시간이나 걸려요.

나: 아마 이 근처에는 큰 병원이 ______________________. 그래서 멀리 가야 해요.

2) 가: 눈이 많이 왔는데 비행기가 출발할 수 있을까요?

나: 이 정도 눈에는 아마 ______________________. 너무 걱정하지 마세요.

3) 가: 시골에 가면 한국 전통 집들을 많이 구경할 수 있을까요?

나: 아마 ______________________. 도시보다는 시골에 더 많이 있을 거예요.

4) 가: 베트남은 1월에 추울까요?

나: 글쎄요, 잘 모르지만 아마 ______________________. 여행하기 좋은 날씨라고 했어요.

5) 가: 평일에 수업도 듣고 아르바이트도 같이 하는 건 정말 힘들까요?

나: ______________________. 4시간 공부하고 일까지 8시간 하면 쉴 시간이 없으니까요.

2. 알맞은 표현을 골라 대화를 완성하십시오.

금방 새 친구가 생기다	매일 연락할 수 있다
금방 익숙해지다	금방 잘하게 되다
사람들한테 물어보면 되다	한국에서도 할 수 있다

1) 가: 한국으로 유학을 가면 친구가 없어서 너무 심심할 것 같아요.

나: **금방 새 친구가 생길걸요.** 너무 걱정하지 마세요.

2) 가: 한국으로 유학을 가면 부모님을 만나지 못해서 슬플 것 같아요.

나: ______________________________. 한국은 인터넷이 잘 되니까요.

3) 가: 한국 문화를 잘 몰라서 생활하기 힘들 것 같아요.

나: ______________________________. 걱정하지 마세요.

4) 가: 한국어를 잘 못해서 너무 긴장돼요.

나: ______________________________. 매일 한국어를 열심히 공부하니까요.

5) 가: 한국에 가면 길을 잃어버릴 것 같아요.

나: ______________________________. 친절하게 길을 알려 줄 거예요.

6) 가: 한국에서는 제 취미 생활을 계속 할 수 없어서 아쉬워요.

나: ______________________________. 어디에서 할 수 있는지 찾아보세요.

-자마자

1. 알맞은 어휘를 골라 대화를 완성하십시오.

주문하다	마시다	끝나다	식사하다	퇴원하다

1) 가: 아기가 배탈이 난 것 같아요.

나: 네. 그래서 걱정이에요. 조금 전에도 우유를 줬는데 **마시자마자** 토했어요.

2) 가: 어, 벌써 음식이 나왔어요?

나: 네, ____________________ 음식이 나왔어요.

3) 가: 오늘 수업이 끝나고 나서 농구할래요?

나: 오늘은 안 돼요. 어머니가 입원하셔서 수업이 ____________________ 병원에 가야 해요.

4) 가: 의사 선생님, 집으로 돌아가서 바로 식사를 해도 될까요?

나: 물론이지요. 이제 다 나았으니까 ____________________ 식사하셔도 괜찮습니다.

5) 가: 밥 먹고 바로 약을 먹는 게 좋아요?

나: 아니요. ____________________ 약을 먹는 것보다는 30분 후에 먹는 게 좋습니다.

2. 보기 와 같이 대화를 완성하십시오.

보기

가: 오늘 숙제 다 했어요?

나: 네, 아까 집에 오자마자 숙제했어요.

1) 가: 언제 전화할 거예요?

나: ______________________ 전화할게요.

2) 가: 수진 씨는 어디 갔어요?

나: 글쎄요, ______________________ 교실에서 나갔어요.

3) 가: 여권 사진이 필요한데 사진을 찍으면 금방 찾을 수 있어요?

나: 네, 요즘에는 ______________________ 바로 찾을 수 있어요.

4) 가: 오늘 일 끝나면 같이 식사하러 갈래요?

나: 미안해요. 오늘은 ______________________ 가야 해요. 다음에 같이 식사해요.

5) 가: 여보세요. 윤아 씨, 5분 뒤에 영화가 시작되는데 언제 도착해요?

나: 곧 버스에서 내려요. ______________________ 빨리 뛰어갈게요.

6) 가: 어제 집에 가서 뭐 했어요?

나: ____.

듣기 어휘·표현

1. 알맞은 어휘를 골라 대화를 완성하십시오.

물론	통학 버스	횡단보도	얼마

장핑 너는 방학 동안 뭐 했어?

마키 길음역 근처로 이사했어.

장핑 아, 그랬구나. 그럼 학교에 올 때 몇 번 버스 타? 153번?

마키 아니. 나는 보통 1)______________을/를 타.

장핑 우리 학교에 1)______________이/가 있어?

마키 나도 2)______________ 전에 알게 됐는데 이용해 보니까 정말 편하고 좋아.

장핑 학교에서 길음역에 갈 때도 탈 수 있어?

마키 3)______________이지. 학교 정문으로 나가서 4)______________을/를 건너면 버스가 있어.

장핑 그래? 이따가 나도 길음역에 가니까 수업 끝나고 같이 타러 가자.

마키 응, 같이 가자.

2. 알맞은 어휘를 골라 문장을 완성하십시오.

무료	건너편	작성하다	정보

1) 이 책을 읽으면 한국 문화와 한국 역사에 대한 많은 ______________을/를 얻을 수 있다.

2) 도서관에서 수요일 저녁마다 학생들을 위해 ______________(으)로 영화를 상영하고 있습니다.

3) **가:** 학생증을 신청하고 싶은데요.

나: 그럼, 먼저 이 서류를 ______________아/어 주세요.

4) **가:** 저기요, 여기에서 버스를 타면 길음역으로 갈 수 있어요?

나: 여기에서 타면 안 돼요. ______________(으)로 가서 버스를 타야 길음역으로 가요.

읽기 어휘·표현

1. 알맞은 어휘를 골라 글을 완성하십시오.

분위기	첫인상	밝다	게으르다	다짐하다

그 후에도 여러 학생들이 더 들어왔지만 얼굴을 모르는 친구들이 많았다. 처음 만나서 그런지 1)____________이/가 조금 어색했다. 그때 선생님께서 교실로 들어오셨다. 선생님께서 2)____________(으)ㄴ 목소리로 "여러분, 정말 반가워요. 앞으로 한 학기 동안 즐겁게 공부해 봅시다."라고 인사를 하셨다. 3)____________이/가 정말 좋으셨다. 지금까지 만난 선생님들처럼 3급 선생님도 정말 좋은 분이실 것 같다.

오늘 학교에 가서 새로운 친구들을 만나니까 한국에 처음 왔을 때가 생각났다. 그때는 공부도 열심히 하면서 즐겁게 생활했는데, 지금은 한국 생활에 익숙해져서 처음보다 조금 4)____________아진/어진 것 같다. 그래서 오늘부터는 다시 열심히 공부해야겠다고 5)____________았다/었다. 앞으로 우리 반 친구들과 함께 할 10주가 정말 기대된다.

2. 알맞은 어휘를 골라 문장을 완성하십시오.

먼저	아직	앞으로	새

1) 해외여행을 가려면 제일 ____________ 여권을 만들어야 해요. 그다음에 비행기 표를 예매해요.
2) 지금 3급에서 한국어를 공부하고 있습니다. ____________ 6급까지 한국어를 배울 거예요.
3) 주말부터 계속 바빴어요. 시간이 없어서 ____________ 숙제를 다 못 했어요.
4) 3급에 와서 처음 만난 친구들이 많아요. ____________ 친구들과 빨리 친해졌으면 좋겠어요.

02과 일상생활

어휘·표현

1. 그림을 보고 알맞은 표현을 골라 쓰십시오.

드라이하다	염색하다	파마하다	앞머리를 다듬다	머리를 감다

2. 알맞은 어휘를 골라 글을 완성하십시오.

이용하다	문의하다	등록하다	안내하다

한국에 오고 나서 운동을 거의 못 했다. 그래서 친구와 같이 운동하기로 했다. 먼저 학교 근처에 있는 헬스클럽에 가서 직원에게 이것저것을 1)____________________았다/었다. 우리는 헬스는 처음이었기 때문에 운동 기구를 사용하는 방법도 잘 몰랐는데 직원이 헬스클럽을 돌아다니면서 매우 친절하게 2)____________________아/어 주었다. 또 이 헬스클럽은 24시간 3)____________________(으)ㄹ 수 있고 샤워실이나 탈의실도 깨끗해서 더 마음에 들었다. 친구와 나는 바로 4)____________________고 내일부터 열심히 운동하자고 약속했다.

3. 알맞은 어휘를 골라 문장을 완성하십시오.

편안하다	독특하다	저렴하다	체험하다	수다를 떨다

1) 학생 식당은 다른 식당에 비해서 가격이 ________________(으)ㄴ 편이에요.

2) 어제는 고향 친구에게 전화가 와서 세 시간이나 ________________았어요/었어요.

3) 그 카페는 다른 곳에는 없는 ________________(으)ㄴ 메뉴가 많아서 인기가 많아요.

4) 너무 피곤해요. 빨리 집에 돌아가서 ________________(으)ㄴ 침대에 눕고 싶어요.

5) 민속 박물관에는 한국의 전통문화를 ________________(으)ㄹ 수 있는 여러 프로그램이 준비되어 있어요.

-더라고요

1. 관계있는 것을 연결하고 문장을 완성하십시오.

1) 도서관에 가다 •	• 사은품을 주다
2) 자기 전에 커피를 마시다 •	• 잠이 안 오다
3) 노래방에서 실컷 노래를 부르다 •	• 공부하는 학생이 많다
4) 비싼 화장품을 사다 •	• 사무실에 아무도 없다
5) 공연장에 늦게 도착하다 •	• 스트레스가 풀리다
6) 주말에 회사에 가다 •	• 공연이 벌써 다 끝났다

1) 도서관에 가니까 공부하는 학생이 많더라고요.

2) ______________________.

3) ______________________.

4) ______________________.

5) ______________________.

6) ______________________.

2. 보기 와 같이 대화를 완성하십시오.

보기 가: 어제 본 영화가 어땠어요?

나: **너무 무섭더라고요.**

1) 가: 이리나 씨, 방학에 부산에 갔다 왔어요? 어땠어요?

나: ______________________________.

2) 가: 장핑 씨, 주말에 다녀온 콘서트는 어땠어요?

나: ______________________________.

3) 가: 밤에 서울 타워에 올라가 보니까 어땠어요?

나: ______________________________.

4) 가: 마키 씨, 친구 결혼식은 잘 갔다 왔어요?

나: 네, 친구가 ______________________________.

5) 가: 간토야 씨, 이 선생님은 만났어요?

나: 아니요, 사무실에 갔는데 ______________________________.

6) 가: 어제 동창회는 재미있었어요?

나: 네, 재미있었어요. ______________________________.

-고서

1. 보기 와 같이 문장을 완성하십시오.

> 보기
>
> 밥을 먹었어요. 그 후에 약을 먹었어요.
>
> → 밥을 먹고서 약을 먹었어요.

1) 동생이 텔레비전을 껐어요. 그리고 잠을 자러 방에 들어갔어요.

→ ______________________________.

2) 감기에 걸리지 않으려면 항상 손을 씻으세요. 그다음에 음식을 먹어야 해요.

→ ______________________________.

3) 컵라면에 뜨거운 물을 부으세요. 그리고 3분만 기다리세요.

→ ______________________________.

4) 염색한 머리는 찬물로 감아요. 그 후에 찬 바람으로 말리는 게 좋아요.

→ ______________________________.

2. 알맞은 표현을 골라 대화를 완성하십시오.

슬픈 영화를 보다	남자 친구를 사귀다	동아리에 들다
상한 음식을 먹다	노래 대회에서 1등을 하다	

1) 가: 눈이 빨갛네요. 무슨 일 있었어요?

나: 슬픈 영화를 보고서 좀 울었거든요.

2) 가: 왜 배탈이 났어요?

나: ______________________ 배탈이 난 것 같아요.

3) 가: 요즘 윤아 씨가 예뻐진 것 같아요.

나: 맞아요. ______________________ 더 예뻐진 것 같아요.

4) 가: 압둘라 씨는 한국 친구가 많네요.

나: 네, ______________________________ 한국 친구가 더 많아졌어요.

5) 가: 김은후 씨는 어떻게 가수가 되셨습니까?

나: ______________________________ 가수가 되었어요.

-(으)ㄹ까 하다

1. 관계있는 것을 연결하고 알맞은 문장을 골라 대화를 완성하십시오.

ㅇ 친구와 같이 등록하다 •	• 저한테 잘 어울릴까요?
ㅇ 심심해서 책을 읽다 •	• 같이 보러 갈래요?
ㅇ 머리를 짧게 자르다 •	• 할인이 되나요?
ㅇ 해외여행을 가다 •	• 좋은 책 좀 추천해 주세요.
ㅇ 토요일에 영화를 보다 •	• 어느 나라에 가면 좋을지 모르겠어요.
ㅇ 어머니께 향수를 사 드리다 •	• 좋아하실지 모르겠어요.

1) 가: 안녕하세요. '국민 헬스'입니다. 어떤 것이 궁금하십니까?

나: **친구와 같이 등록할까 하는데 할인이 되나요?**

2) 가: 책을 빌리러 왔어요?

나: 네, ______________________________

3) 가: 손님, 원하는 헤어스타일이 있으세요?

나: ______________________________

4) 가: 곧 어버이날인데 어머니 선물은 뭘 살지 생각해 봤어요?

나: ______________________________

5) 가: 이번 주말에 뭐 할 거예요?

나: ______________________________

6) 가: 방학 때 특별한 계획이 있어요?

나: ______________________________

2. (보기) 와 같이 대화를 완성하십시오.

> 보기
> 가: 오늘 수업 끝나고서 같이 밥 먹으러 갈래요?
> 나: 미안해요. 오늘은 몸이 좀 안 좋아서 집에 가서 **쉴까 해요.**

1) 가: 카오루, 노트북 샀어?
   나: 아니, 돈이 좀 부족해서 못 샀어. 이번 달 월급을 받으면 ______________________.
2) 가: 다음 학기에도 계속 기숙사에서 살 거야?
   나: 글쎄, 기숙사가 좀 불편해서 ______________________.
3) 가: 엄마, 오늘 저녁에는 뭘 만들어 주실 거예요?
   나: 냉장고에 보니까 소고기가 있어서 ______________________.
4) 가: 다음 주부터 토픽 수업을 시작한다고 하는데 신청할 거예요?
   나: 아니요. 요즘 바쁜 일이 많아서 ______________________.
5) 가: 윤아 씨, 집에 가는 거 아니에요? 왜 저 버스를 안 탔어요?
   나: 여기에서 별로 멀지도 않고 날씨도 좋아서 ______________________.

-는 대신에

1. (보기) 와 같이 대화를 완성하십시오.

> 보기
> 가: 명동까지 버스를 타고 갈까요?
> 나: 늦었으니까 **버스 대신에 지하철을** 탑시다.

1) 가: 밥을 먹고 나면 속이 좀 불편해요.
   나: 밥보다 죽이 소화가 잘 되니까 ______________________을/를 드셔 보세요.
2) 가: 우리 강아지 카페에 가 볼래요? 거기에 가면 귀여운 강아지가 정말 많다고 해요.
   나: 저는 고양이를 더 좋아하는데 ______________________에 가면 안 돼요?

3) 가: 요즘 테니스를 배우고 있는데 힘들기만 하고 재미가 없네요.

나: 그럼 ________________________________ 을/를 배워 보는 건 어때요?

4) 가: 내일 회의에 참석하실 수 있지요?

나: 저는 다른 일이 있어서 못 갈 것 같아요. ____________ 장핑 씨가 참석하기로 했어요.

5) 가: 제프리 씨한테 메시지를 보냈는데 답이 없어요.

나: 다음에는 ________________________________ (으)세요.

제프리 씨는 메시지를 잘 확인하지 않더라고요.

2. 보기 와 같이 대화를 완성하십시오.

> 보기
>
> 가: 밥 먹었어요? 배고픈데 같이 학생 식당 갈래요?
>
> 나: 학생 식당에 가는 대신에 배달 음식을 시켜 먹는 게 어때요? 지금은 학생 식당에 사람이 많거든요.

1) 가: 오늘 수업 끝나고 같이 농구할래요?

나: ____________________ 는 대신에 ____________________ 는 게 어때요?

____

2) 가: 주말에 놀이공원에 가고 싶어요.

나: ____

____

3) 가: 친구가 병원에 입원했는데 뭘 사면 좋을까요? 꽃을 살까요?

나: ____

____

4) 가: 파마를 해 볼까 하는데 저한테 잘 어울릴까요?

나: ____

____

5) 가: 저는 스트레스를 받으면 단 음식을 많이 먹어요.

나: ____

____

듣기 어휘·표현

1. 알맞은 어휘를 골라 대화를 완성하십시오.

사은품	무료	선착순	이용료	운동 기구

간토야 시설이 정말 깨끗하고 좋네요. 한 달 1)__________은/는 어떻게 돼요?

직원 한 달에 5만 원인데 3개월 등록하시면 12만 원입니다.

그리고 두 분이 같이 등록하시면 2)__________(으)로 수건을 드리고 있습니다.

간토야 네. 혹시 3)__________을/를 사용할 줄 모르면 가르쳐 주시나요?

직원 첫날 오시면 설명해 드리니까 걱정하지 마세요.

간토야 그런데 특별 수업은 뭐예요?

직원 회원들이 4)__________(으)로 들을 수 있는 수업인데 요가와 방송 댄스가 있어요.

수업 시간에 오시면 5)__________(으)로 들어가실 수 있어요.

2. 알맞은 어휘를 골라 대화를 완성하십시오.

특히	따로	혹시

1) 가: 이 노래 뭐야? 진짜 좋은데?

나: '비가 오는 날에'라는 노래야. 언제 들어도 좋은데 __________ 비 오는 날에 들으면 더 좋아.

2) 가: 이리나한테 할 얘기가 있는데 __________ 이리나가 지금 어디에 있는지 알아?

나: 조금 전에 도서관 앞에서 봤어. 얼른 가 봐.

3) 가: 지나 씨, 저는 지금 회식 장소로 출발하려고 하는데 같이 나갈래요?

나: 먼저 가세요. 저는 아직 일이 다 안 끝나서 이따가 __________ 갈게요.

읽기 어휘·표현

1. 알맞은 어휘를 골라 글을 완성하십시오.

즐기다	원하다	지치다	복잡하다	추천하다

마지막으로 소개할 카페는 보드게임 카페이다. 친구들과 함께 웃고 떠들면서 게임을 1)__________고 싶은 사람들에게 2)__________ㄴ다/는다. 이 카페에는 쉽고 간단한 게임부터 어렵고 3)__________(으)ㄴ 게임까지 다양한 게임이 있어서 4)__________는 것을 고를 수 있다. 게임 방법을 잘 모르면 직원에게 물어보면 된다. 오늘 수업 후, 공부에 5)__________(으)ㄴ 몸과 마음을 쉬러 특별한 카페에 가 보는 것은 어떨까?

2. 알맞은 표현을 골라 대화를 완성하십시오.

키우다	장난을 치다	데리고 가다	시간을 보내다

1) 가: 카오루 씨! 계단에서 __________(으)면 위험해요.
   나: 네, 선생님. 조심할게요.
2 가: 이 샐러드 어떻게 만든 거예요? 진짜 맛있어요.
   나: 정말요? 제가 직접 __________(으)ㄴ 채소들로 만든 거예요.
3) 가: 투이 씨는 한가할 때 뭘 하면서 __________아요/어요?
   나: 저는 주로 그림을 그려요. 그림을 그리고 있으면 시간이 어떻게 가는지 모르겠더라고요.
4) 가: 친구를 만나기로 했는데 강아지가 너무 어려서 집에 혼자 두고 가는 게 걱정돼요.
   나: 요즘은 강아지를 __________(으)ㄹ 수 있는 카페가 많이 있어요.

03과 집

어휘·표현

1. 알맞은 어휘를 골라 문장을 완성하십시오.

현관	침실	부엌	거실	서재

1) 어제 ________________에 놓을 냉장고와 가스레인지를 샀다. 싱크대도 새 것으로 바꾸고 싶다.

2) 집 안으로 들어가는 입구인 ________________은/는 항상 깨끗하게 관리하는 것이 좋다.

3) 잠을 자는 ________________에는 가구를 많이 놓지 않는 것이 좋다고 한다.

4) 선생님의 ________________에는 정말 많은 책들이 있어서 작은 도서관 같았다.

5) ________________은/는 가족들이 서로 이야기를 나누고 함께 시간을 보내는 장소이다.

2. 알맞은 어휘를 골라 문장을 완성하십시오.

주변	시설	방음	수돗물	설거지

1) 우리 집은 새로 지어서 ________________에 있는 집들에 비해 월세가 비싼 편이다.

2) 내가 사는 원룸은 ________________이/가 잘 안 되어서 옆방에서 전화하는 것까지 다 들린다.

3) 어제는 아침부터 저녁까지 ________________이/가 나오지 않아서 샤워도 못 하고 요리도 못 했다.

4) 나는 집안일 중에서 ________________을/를 제일 좋아한다. 그릇을 깨끗하게 씻으면 기분이 좋아진다.

5) 우리 학교 도서관은 생긴 지 얼마 안 돼서 ________________이/가 아주 좋다.

3. 사진을 보고 알맞은 어휘를 골라 쓰십시오.

계약하다	옮기다	정리하다	둘러보다

1) 집을 ______________

2) 집을 ______________

3) 짐을 ______________

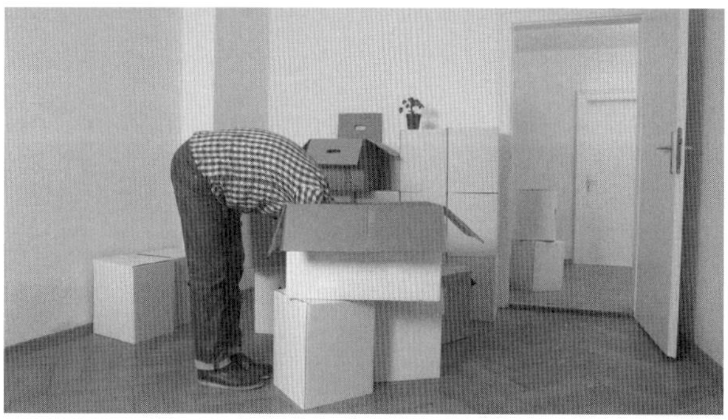

4) 짐을 ______________

4. 알맞은 어휘를 골라 글을 완성하십시오.

계약서	보증금	월세	구하다

다음 달에 이사를 해야 해서 집을 1)__________________(으)러 부동산에 갔다. 거기에서 집 사진을 몇 개 보았는데 마음에 드는 집이 있었다. 부동산 직원과 같이 그 집을 보러 갔는데 집이 좋고 매달 내는 2)__________________도 비싸지 않아서 바로 계약하겠다고 말했다. 내일 3)__________________을/를 쓰고 4)__________________ 천만 원은 이사하는 날 주기로 했다.

-아/어 가지고[1]

1. 관계있는 것을 연결하고 문장을 완성하십시오.

1) 요즘 시험 때문에 바쁘다 •	• 못 샀다
2) 가방이 너무 비싸다 •	• 친구들을 못 만났어요.
3) 잠을 잘 못 자다 •	• 무겁다
4) 가방에 책이 너무 많다 •	• 머리가 아프다
5) 친구하고 싸우다 •	• 에어컨을 켜고 잤다
6) 날씨가 너무 덥다 •	• 말을 안 하고 있다

1) 요즘 시험 때문에 바빠 가지고 친구들을 못 만났어요.

2) ______________________________.

3) ______________________________.

4) ______________________________.

5) ______________________________.

6) ______________________________.

2. 보기 와 같이 대화를 완성하십시오.

> 보기
> 가: 투이 씨, 밥을 좀 더 드실래요?
> 나: 괜찮아요. 배가 불러 가지고 더 못 먹겠어요.

1) 가: 왜 이렇게 늦었어요?

나: 버스를 잘못 ______________________________ 종점까지 갔다 왔어요.

2) 가: 어제 그 영화 끝까지 봤어요?

나: 아니요. ______________________________ 다 못 보고 잤어요.

3) 가: 요즘 왜 이렇게 연락이 없었어요?

나: ______________________________ 연락을 못했어요.

4) 가: 왜 이사하려고 해요?

나: ______________________________.

5) 가: 왜 택시를 탔어요?

나: ______________________________.

6) 가: 그 친구하고 왜 싸웠어요?

나: ______________________________.

만 못하다

1. 보기 와 같이 문장을 완성하십시오.

보기

월급	지금 다니는 회사	예전에 다닌 회사
	250만 원	300만 원

→ 월급은 지금 다니는 회사가 예전에 다닌 회사만 못해요.

1)

시설	원룸	기숙사
	가구와 에어컨 없음	가구와 에어컨 있음

→ ______________________________.

2)

한국어 시험 성적	이리나	토마스
	89점	97점

→ ______________________________.

3)

만두	언니가 만드는 것	내가 만드는 것
	안 예쁘다	예쁘다

→ ______________________________.

4)

디자인	이 옷	저 옷
	안 예쁘다	예쁘다

→ ______________________________.

5)

서비스	시장	마트
	배달이 안 된다	배달이 가능하다

→ ______________________________.

6)

메뉴	기숙사 식당	학생 식당
	많지 않다	많다

→ ______________________________.

2. 보기 와 같이 대화를 완성하십시오.

보기

가: 집에서 영화를 보면 편하지요?

나: 편하기는 한데 **영화관에서 보는 것만 못해요.**
(영화관에서 보다)

1) 가: 여기 음식 맛있지요?

나: 맛있기는 한데 ______________________________.
(집에서 만들다)

2) 가: 운동화를 세탁기에 빨아도 깨끗해요?

나: 세탁기에 빠는 것이 ______________________________.
(손으로 빨다)

3) 가: 바지를 사려고 하는데 인터넷 쇼핑몰에서 사도 괜찮겠지요?

나: 인터넷 쇼핑몰에서 사는 것도 괜찮지만 ______________________________.
(입어 보고 사다)

4) 가: '만남'이라는 영화 봤어요? 그 영화는 유명한 책 내용으로 만들었다고 해요.

나: 봤는데 ______________________________.
(책으로 읽다)

5) 가: 헬스클럽에서 운동해 보니까 어때요?

나: 좀 답답하더라고요. ______________________________.
(밖에서 달리다)

6) 가: 새로 이사한 집이 어때요?

나: ______________________________.

-잖아요

1. 알맞은 표현을 골라 대화를 완성하십시오.

보기

성격이 좋다	열심히 공부했다	시험 기간이다
음식이 맛있다	출근 시간이다	어제 배웠다

1) 가: 윤아 씨는 사람들한테 인기가 많은 것 같아요.

 나: 성격이 좋잖아요.

2) 가: 도서관에 학생들이 정말 많네요.

 나: ______________________________.

3) 가: 오늘 '-아/어 가지고'를 배울 거지요?

 나: 아니요, ______________________________.

4) 가: 학교 앞 그 식당은 항상 손님이 많은 것 같아요.

 나: ______________________________.

5) 가: 왜 이렇게 길이 막히지요?

 나: ______________________________.

6) 가: 이번에 마키 씨가 토픽 3급에 합격했다고 해요.

 나: ______________________________.

2. 보기 와 같이 대화를 완성하십시오.

보기

가: 오늘이 발표하는 날이지요?

나: 아니요, 선생님께서 다음 주에 발표를 한다고 하셨잖아요.

1) 가: 요즘 이 노래가 여기저기에서 많이 나와요.

 나: ______________________________.

2) 가: 요즘 감기에 걸린 사람이 많은 것 같아요.

나: ______________________________.

3) 가: 교실 밖이 왜 이렇게 시끄러워요?

나: ______________________________.

4) 가: 제프리 씨, 요즘 왜 그렇게 열심히 공부를 해요?

나: ______________________________.

5) 가: 요즘 그 가수를 좋아하는 사람들이 정말 많더라고요.

나: ______________________________.

-(으)며

1. 보기 와 같이 문장을 완성하십시오.

보기

한국의 전통 집은 한옥이라고 부르다 – 전통 옷은 한복이라고 부르다

→ 한국의 전통 집은 한옥이라고 부르며 전통 옷은 한복이라고 부른다.

1) 이 제품은 디자인이 아름답다 – 기능 또한 훌륭하다

→ ______________________________.

2) 한옥은 자연에서 얻은 재료로 짓다 – 색깔과 모양이 한국의 자연과 잘 어울리다

→ ______________________________.

3) 중국은 동아시아에 있다 – 수도는 베이징이다

→ ______________________________.

4) 한옥은 여름에는 시원하다 – 겨울에는 따뜻하다

→ ______________________________.

5) 도서관에서는 책을 빌릴 수 있다 – 컴퓨터도 이용할 수 있다

→ ______________________________.

2. 보기 와 같이 문장을 완성하십시오.

> 보기
> 한국은 동아시아에 있다 – 수도는 서울이다 – 한국어를 사용하다
>
> → 한국은 동아시아에 있고 수도는 서울이며 한국어를 사용한다.

1) 기숙사는 학교 안에 있다 – 안전하다 – 시설이 좋다

→ ______________________________.

2) 그 카페는 메뉴가 독특하다 – 저렴하다 – 분위기가 좋다

→ ______________________________.

3) 남산 한옥 마을은 남산에서 가깝다 – 여러 종류의 한옥을 구경할 수 있다 – 전통문화도 체험할 수 있다

→ ______________________________.

3. 보기 와 같이 '–고'와 '–(으)며'를 사용하여 여러분의 고향에 대해 쓰십시오.

> 보기
> 내 고향은 부산이다. 부산은 한국의 남쪽에 있으며 바다가 아름답다. 내 고향에는 해산물이 많고 음식이 맛있다.
>
> ⋮

____

____

____

____

____

____

____

듣기 어휘·표현

1. 알맞은 어휘를 골라 대화를 완성하십시오.

집들이	맨발	거품	휴지	의미

알렉세이 한국 친구가 결혼을 해서 1)____________을/를 하는데 뭘 사 가는 게 좋을까요?

윤아 한국에서는 집들이 때 두루마리 휴지나 세제를 많이 사 가요.

알렉세이 왜요?

윤아 새집에서 모든 일이 2)____________처럼 잘 풀리라고요.

알렉세이 그래요? 아! '일이 풀리다'라는 표현을 배운 적이 있어요. 그런데 세제는 왜 사 가는 거예요?

윤아 세제는 3)____________이/가 많이 나잖아요. 그렇게 행복한 일들이 많이 생기라고 세제를 사 가는 거예요.

알렉세이 선물의 4)____________을/를 들으니까 재미있네요. 그런데 한국 사람 집에 갈 때 특별히 주의할 점은 없어요?

윤아 글쎄요. 특별한 건 없지만 양말을 꼭 신고 가세요. 다른 사람 집에 5)____________(으)로 들어가는 건 실례거든요.

2. 알맞은 어휘를 골라 문장을 완성하십시오.

풀리다	맞히다	나다	신다	초대하다

1) 작년에는 안 좋은 일이 많았는데 새해에는 모든 일이 잘 ____________(으)면 좋겠어요.

2) 이번 주말에 집들이를 하는데 손님을 많이 ____________아서/어서 음식을 많이 준비해야 한다.

3) 이번에 새로 산 비누는 부드러운 거품이 많이 ____________아서/어서 세수할 때 기분이 좋다.

4) 요즘은 좀 화려한 색깔의 양말을 ____________는 것이 유행이다.

5) 이번 시험의 8번 문제는 내가 알고 있는 건데 실수를 해서 ____________지 못했다.

읽기 어휘·표현

1. 알맞은 어휘를 골라 글을 완성하십시오.

대접하다	짓다	체험하다	어울리다	키우다

국민대학교 후문 앞에는 '명원민속관'이라는 큰 한옥이 있다. 이곳은 현재 한국의 전통문화를 배우거나 1)____________는/(으)ㄴ 장소로 사용되고 있다. 명원민속관은 조선 시대 때 양반의 집이었는데 여기에 가면 한옥의 특징을 잘 볼 수 있다.

한옥은 남자와 여자가 생활하는 곳이 달랐다. 남자들은 주로 '사랑채'에서 생활했다. 그리고 손님이 오면 이곳에서 차를 2)____________거나 자녀들에게 공부를 가르쳤다. 여자들은 주로 부엌과 안방이 있는 안채에서 생활했다. 여자들은 이곳에서 살림을 하고 가족의 큰 행사를 준비하며 아이들을 3)____________았다/었다.

또 다른 한옥의 특징은 한국의 자연과 잘 4)____________고 그 안에 살면서 자연을 즐길 수 있다는 것이다. 한옥은 나무나 흙 등 자연에서 얻은 재료로 5)____________(으)며 모양과 색깔이 주변 자연환경과 잘 어울린다.

2. 알맞은 어휘를 골라 문장을 완성하십시오.

자연	자녀	재료	멋	여유

1) 남산 한옥 마을에 가서 한옥을 구경했는데 지붕의 모양과 색이 정말 아름다웠다. 한옥의 ____________을/를 느낄 수 있었다.

2) 불고기는 소고기와 몇 가지 채소, 양념 등의 ____________(으)로 만든다.

3) 서울에는 아름다운 산과 강이 있어서 ____________을/를 가까이에서 즐길 수 있다.

4) 시골 생활은 복잡하지 않고 조용해서 도시에서 생활할 때보다 ____________이/가 많다.

5) 가: ____________이/가 몇이나 되세요?

나: 딸 하나, 아들 하나 있어요.

04과 문제 해결

어휘 · 표현

1. 알맞은 어휘를 골라 쓰고 관계있는 것을 연결하십시오.

화면	배터리	전원

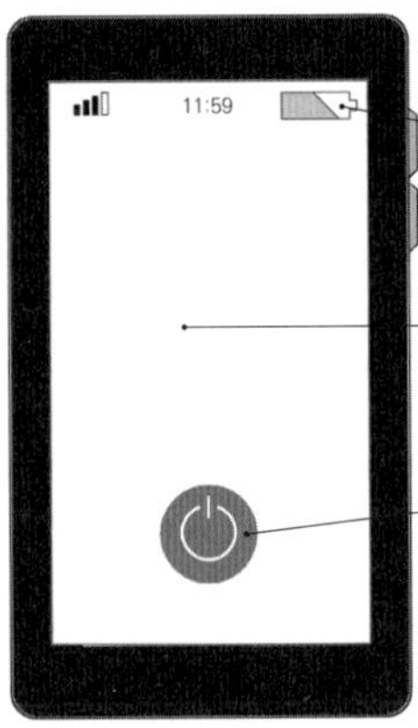

1) ____________ • • 이/가 나오다

2) ____________ • • 이/가 닳다

3) ____________ • • 을/를 끄다

2. 알맞은 어휘를 골라 대화를 완성하십시오.

충전	설정	서비스 센터	사용 설명서

1) 가: 전자레인지를 새로 샀는데 버튼이 너무 많아서 사용하기 어려워요.

나: 그럼 ____________을/를 읽어 보세요. 사용하는 방법이 자세하게 나와 있어요.

2) 가: 카메라에 문제가 있는 것 같아요. 사진을 찍으면 까맣게 나와요.

나: ____________에 가 보는 게 좋겠어요. 혜화역 근처에 있을 거예요.

3) 가: 어? 노트북을 두 시간 밖에 사용하지 않았는데 왜 전원이 꺼졌지?

나: ____________이/가 잘 안 된 것 같아.

4) 가: 핸드폰 화면이 너무 어두워요. 혹시 고장 난 걸까요?

나: 핸드폰의 ____________을/를 확인해 보세요. 밝기를 조절할 수 있거든요.

3. 알맞은 어휘를 골라 문장을 완성하십시오.

수리	고장	요청	이상

1) 엘리베이터가 ____________이/가 나서 계단으로 걸어 올라왔다.

2) 혹시 택배를 받으실 때 ____________ 사항이 있으면 '배송 메시지'란에 적어 주세요.

3) 새로 산 핸드폰에 ____________이/가 있을 때는 2주 안에 교환이나 환불이 가능합니다.

4) 노트북 좀 빌려줄 수 있어? 내 노트북은 서비스 센터에 ____________을/를 맡겼거든.

4. 알맞은 어휘를 골라 대화를 완성하십시오.

고치다	교체하다	구매하다	배송되다

1) **가:** 텔레비전 리모콘이 잘 안 돼요. 버튼을 눌러도 텔레비전이 안 켜져요.

나: 그럼 먼저 배터리를 ____________아/어 보세요.

2) **가:** 이 치약은 '1+1'이라고 되어 있는데 이게 뭐예요?

나: 이 치약을 ____________(으)면 한 개 더 드리는 거예요.

3) **가:** 핸드폰에 커피를 쏟아서 고장이 났는데 ____________(으)ㄹ 수 있을까요?

나: 어렵겠는데요. 새 핸드폰을 사셔야 할 것 같아요.

4) **가:** 인터넷으로 화장품을 주문했는데 언제 ____________는지 알고 싶어요.

나: 내일 오전에 받으실 수 있을 겁니다.

피동[1] (-이-/-히-/-리-/-기-)

1. 다음 〈표〉를 완성하십시오.

-이-		-히-		-리-		-기-	
보다	**보이다**	닫다		열다		안다	
쌓다		잡다		팔다		끊다	
놓다		찍다		걸다		쫓다	
바꾸다				물다			
잠그다				듣다			

2. 보기 와 같이 문장을 바꿔 쓰십시오.

> 보기
> 바다를 봤어요. → **바다가 보였어요.**

1) 창문을 열었어요. → ____________________.

2) 전화를 끊었어요. → ____________________.

3) 문을 잠갔어요. → ____________________.

4) 영화표를 다 팔았어요. → ____________________.

5) 도서관 문을 닫았어요. → ____________________.

> 보기
> 고양이가 쥐를 쫓았어요. → **쥐가 고양이에게 쫓겼어요.**

6) 엄마가 아기를 안았어요. → ____________________.

7) 경찰이 도둑을 잡았어요. → ____________________.

8) 개가 아이를 물었어요. → ____________________.

3. 보기 와 같이 대화를 완성하십시오.

> 보기
> **가:** 어떤 문제가 있어서 오셨습니까?
>
> **나:** 오늘 아침부터 갑자기 **전화가 안 걸려요.**
> (전화 – 안 걸다)

1) **가:** 요즘은 어떤 옷이 유행이에요?

나: 여름이어서 ____________________아요/어요.
(시원해 보이는 옷 – 많이 팔다)

2) **가:** 바트 씨, 왜 안 와요? 3시에 회의를 시작한다고 얘기 못 들었어요?

나: 그래요? ____________________(으)ㄴ 줄 몰랐어요. 빨리 갈게요.
(회의 시간 – 바꾸다)

3) **가:** 제프리 씨, 피곤해 보이네요. 어제 잠을 잘 못 잤어요?

나: 네. 옆방에서 ____________________아서/어서 잠을 잘 수 없었어요.
(싸우는 소리 – 크게 듣다)

4) 가: 더운데 왜 창문을 닫았어요?

나: 아, 제가 닫은 게 아니에요. 바람이 불어서 ______________________ 았어요/었어요.
(창문 – 닫다)

피동[2] (-아지다/어지다)

1. 다음 〈표〉를 완성하십시오.

쏟다	**쏟아지다**	지우다	
끄다		찢다	
켜다		깨다	
끊다		누르다	

2. 알맞은 어휘를 골라 문장을 완성하십시오.

끊다 깨다 찢다 쏟다 지우다 끄다

1) 엘리베이터를 타니까 전화가 **끊어졌어요.**

2) 실수로 거울을 떨어뜨렸는데 거울이 ______________ 았어요/었어요.

3) 바람이 불어서 촛불이 ______________________ 았어요/었어요.

4) 종이가 ______________________ 아서/어서 글씨를 읽을 수 없어요.

5) 의자 위에 물이 ________________ 았으니까/었으니까 앉지 마세요.

6) 땀을 많이 흘려서 화장이 ____________________ 았어요/었어요.

3. 보기 와 같이 대화를 완성하십시오.

보기 가: 바람이 많이 부네요.

나: 바람 때문에 자꾸 촛불이 **꺼지니까** 창문을 닫아 주세요.

1) 가: 혹시 이거 ____________________는 물건입니까?

나: 네, 접시예요. 그러니까 조심해 주세요.

2) 가: 커피를 들고 타면 안 되나요?

나: 네, 버스가 갑자기 멈추면 커피가 ____________________(으)ㄹ 수 있어서 위험합니다.

3) 가: 모자에 얼룩이 생겼네요.

나: 네, 얼룩이 안 ____________________아서/어서 세탁소에 맡겨야 할 것 같아요.

(이)라서

1. 관계있는 것을 연결하고 문장을 완성하십시오.

1) 내일부터 방학이다 •	• 지하철이 끊겼어요.
2) 한국 사람이 아니다 •	• 한국 문화에 대해서 잘 몰라요.
3) 늦은 시간이다 •	• 많은 관광객이 찾는다고 해요.
4) 나는 외아들이다 •	• 부모님의 사랑을 많이 받고 자랐어요.
5) 제주도는 아름다운 섬이다 •	• 수업이 없어요.

1) 내일부터 방학이라서 수업이 없어요.

2) ____________________.

3) ____________________.

4) ____________________.

5) ____________________.

2. 달력을 보고 대화를 완성하십시오.

20@@년 *월

일	월	화	수	목	금	토
1	2	3	4	5	6 개교기념일	7 오늘
8 할머니 생신	9	10	11	12	13 ── 백화점 세일	14 ──→
15	16	17	18 ────	19 연휴 기간	20 ──→	21
22	23 ────	24 ────	25 장마	26 ────	27 ──→	28
29	30	31				

1) 가: 어제 왜 학교에 안 갔어요?

나: 어제가 우리 학교 **개교기념일이라서** 수업이 없었거든요.

2) 가: 오늘은 평소보다 공원에 사람이 많네요.

나: 아마 ____________________ 그런 것 같아요.

3) 가: 내일 특별한 약속이 없으면 같이 등산할래요?

나: 미안해요. ____________________ 가족들과 식사하기로 했어요.

4) 가: 18일쯤 제주도에 다녀오려고 하는데 호텔은 어디가 좋아요?

나: 그때는 ____________________ 호텔을 예약하기 어려울 거예요.

5) 가: 이번 달 말쯤에 이사를 하려고 하는데 언제가 좋을까요?

나: 23일부터 ____________________ 이사하기 불편할 것 같은데 다음 달에 하는 게 어때요?

-아/어 있다

1. 알맞은 어휘를 골라 문장을 완성하십시오.

앉다	서다	눕다	남다	붙다	들다

1) 교실에 들어가니까 학생들이 모두 자리에 **앉아 있었어요.**

2) 가방 안에 지갑이 ______________________ 는 줄 알았는데 찾아보니까 없어요.

3) 음료수를 다 마신 줄 알았는데 아직 음료수가 ______________________ 아요/어요.

4) 게시판에 안내문이 ______________________ 았는데/었는데 못 봤어요?

5) 여기 의자가 많이 있어요. 그쪽에 ______________________ 지 말고 이쪽으로 와서 앉으세요.

6) 감기에 걸려서 하루 종일 침대에 ______________________ (으)니까 허리가 아프네요.

2. 그림을 보고 [보기] 와 같이 문장을 만드십시오.

보기
방 오른쪽에 책상이 놓여 있다.

1) ______________________.

2) ______________________.

3) ______________________.

4) ______________________.

5) ______________________.

6) ______________________.

3. 여러분의 방을 설명하는 글을 쓰십시오.

내 방에는 ______________________

듣기 어휘·표현

1. 알맞은 문법을 골라 대화를 완성하십시오.

-(으)면 안 되다	-(으)려고 하다	(이)라서	-아도/어도 되다

택배 기사 중국에서 우편물이 와서 1)________________는데 집에 계십니까?
(배송하다)

장설 제가 지금 2)________________ 학교에 있어요. 그냥 문 앞에 놔 주세요.
(수업 중)

택배 기사 이건 등기라서 본인이 직접 받으셔야 해요.

장설 그럼 1시에 수업이 끝나니까 오후에 다시 3)________________(으)ㄹ까요?
(와 주시다)

택배 기사 죄송하지만 지역마다 정해진 시간이 있어서 시간을 변경하기는 어렵습니다.

장설 아, 그럼 혹시 옆집에 사는 친구에게 부탁해서 4)________________(으)ㄹ까요?
(받다)

택배 기사 안 됩니다.

2. 알맞은 어휘를 골라 문장을 완성하십시오.

본인	방문	근처	그냥	직접

1) 올해 크리스마스에는 남자 친구에게 내가 ________________ 만든 목도리를 선물하고 싶다.

2) 통장을 만들려면 ________________ 확인을 해야 하기 때문에 신분증이 꼭 필요하다.

3) 옷을 사러 갔는데 마음에 드는 게 없어서 사지 않고 ________________ 나왔다.

4) 이 ________________ 에는 은행이 없어서 버스를 타고 두 정거장을 가야 한다.

5) 다른 사람 집에 초대 받아서 ________________ 을/를 할 때 지켜야 하는 예절은 무엇입니까?

읽기 어휘·표현

1. 알맞은 어휘를 골라 대화를 완성하십시오.

가능하다	잘못되다	이상하다	답답하다

1) 가: ________________네. 핸드폰을 가져 왔는데 왜 없지?

나: 핸드폰이 없어요? 가방을 잘 확인해 보세요.

2) 가: 일주일 전에 지수 씨한테 메시지를 보냈는데 아직도 답장이 없어요.

나: 일주일이 넘었는데도 아무 연락이 없어서 ________________겠어요.

3) 가: 제프리 씨, 보고서를 내일까지 끝내는 것이 ________________(으)ㄹ까요?

나: 네, 내일 오전까지 끝내겠습니다.

4) 가: 설명서에 쓰여 있는 방법으로 했는데 왜 안 되지요?

나: 순서가 ________________(으)ㄴ 것 같아요. 1번부터 차례대로 다시 해 보세요.

2. 알맞은 어휘를 골라 글을 완성하십시오.

미리	당장	거의

12월 17일에 향수를 주문한 사람입니다. 오늘 향수를 받았습니다. 그런데 상자를 열어 보니까 향수병이 깨져 있었어요. 향수도 1)________________ 다 쏟아졌고요.

크리스마스에 여자 친구에게 선물할 거라서 2)________________ 주문한 건데 이런 물건을 받으니까 정말 화가 나네요. 3)________________ 환불해 주세요.

05과 여가

어휘·표현

1. 관계있는 어휘를 연결하고 문장을 완성하십시오.

관광　　　전시회　　　취미　　　맛집

1) 제 ____________은/는 운동이라서 여가 시간에 농구나 테니스 같은 운동을 즐겨요.

2) ____________을/를 관람하고 싶으면 인사동에 가 보세요. 미술관이 많이 모여 있어요.

3) 어버이날에 부모님을 모시고 제주도 ____________을/를 하려고 해요.

4) 저하고 여자 친구는 데이트할 때마다 ____________을/를 찾아다녀요. 맛있는 음식 먹는 걸 좋아하거든요.

2. 알맞은 어휘를 골라 문장을 완성하십시오.

여유롭다	반납하다	지루하다	활기차다

1) 많은 사람들이 재미있다고 추천한 영화를 봤는데 저한테는 그 영화가 좀 ____________았어요/었어요.

2) 아침에 출근 준비할 때마다 시간이 부족해요. ____________게 출근하려면 좀 더 일찍 일어나는 것이 좋겠어요.

3) 장비를 다 사용한 후에는 대여 장소로 다시 가지고 오셔서 ____________아/어 주십시오.

4) 생활이 재미없을 때 새로운 취미 활동을 해 보세요. 그러면 좀 더 ____________게 생활할 수 있을 거예요.

3. 알맞은 어휘를 골라 문장을 완성하십시오.

입장료	체크아웃	캠핑장	국립 공원	숙박 시설

1) 명절 연휴 동안 서울의 궁궐뿐만 아니라 많은 명소들의 ______________이/가 무료라고 하니까 이번 명절에 한번 가 보세요.

2) 대학생들이 자주 찾는 ______________은/는 게스트 하우스이다. 요금이 다른 시설에 비해 저렴하고 깨끗하기 때문이다.

3) ______________은/는 아름다운 자연을 보호하기 위해 나라에서 정한 공원이다.

4) ______________에 가면 텐트와 바비큐 장비를 모두 대여할 수 있어서 편리하다.

5) 호텔을 예약할 때 체크인과 ______________ 시간을 꼭 확인하세요.

-(으)ㄹ 만하다

1. 알맞은 어휘를 골라 대화를 완성하십시오.

보다	가다	먹다	구경하다	배우다

1) 가: 저는 아주 무서운 영화를 보고 싶어요.

나: 그럼 영화 '곤지암'을 보세요. 공포 영화를 좋아하면 **정말 볼 만해요.**

2) 가: 우리 나라에는 바다가 없어서 맑고 아름다운 바다를 보고 싶어요.

나: 그럼 동해 바다에 가 보세요. 바다가 깨끗해서 ______________.

3) 가: 저는 돼지고기를 못 먹어요. 그리고 아주 매운 음식도 못 먹어요.

나: 그럼 닭갈비를 먹어 보세요. 맛있고 별로 안 매워서 ______________.

4) 가: 저는 한 번도 해 보지 않은 스포츠를 배우고 싶어요.

나: 그럼 서핑을 배워 보세요. 신나고 재밌어서 ______________.

5) 가: 봄이라 꽃이 많이 피었던데 어디 꽃구경하기 좋은 곳이 없을까요?

나: 그럼 벚꽃 축제에 가 보세요. 벚꽃이 아름다워서 ______________.

2. 보기 와 같이 대화를 완성하십시오.

> 보기
> 가: 서울에서 아름다운 야경을 볼 수 있는 곳이 어딘지 알아요?
>
> 나: 서울 타워가 거리도 가깝고 야경이 아름다워서 정말 갈 만해요.

1) 가: 투이 씨는 한국 드라마를 자주 보지요? 뭐가 재미있어요?

나: ______________________________.

2) 가: 전 매운 음식을 정말 좋아하는데 맛있는 음식 좀 알려 주세요.

나: ______________________________.

3) 가: 마키 씨가 읽은 책 중에서 추천하고 싶은 책이 있어요?

나: ______________________________.

4) 가: 제프리 씨, 등산을 가려고 하는데 추천 좀 해 주세요. 어느 산이 아름다워요?

나: ______________________________.

5) 가: 방학 때 놀러 가려고 하는데 여행하기 좋은 곳을 알아요?

나: ______________________________.

-던데

1. 관계있는 것을 연결하고 문장을 완성하십시오.

1) 바트 씨가 교실에 없다 •	• 같이 밥 먹으러 갈래요?
2) 밖에 날씨가 춥다 •	• 어디 갔는지 알아요?
3) 이리나 씨가 많이 아프다 •	• 옷을 따뜻하게 입고 나가세요.
4) 집 근처에 한식집이 새로 생겼다 •	• 약을 먹었는지 모르겠어요.
5) 너한테는 밝은 색이 잘 어울리다 •	• 노란색 티셔츠를 한번 입어 봐.

1) 바트 씨가 고실에 없던데 어디 갔는지 알아요?

2) ______________________________.

3) ______________________________.

4) ______________________________.

5) ______________________________.

2. 보기 와 같이 대화를 완성하십시오.

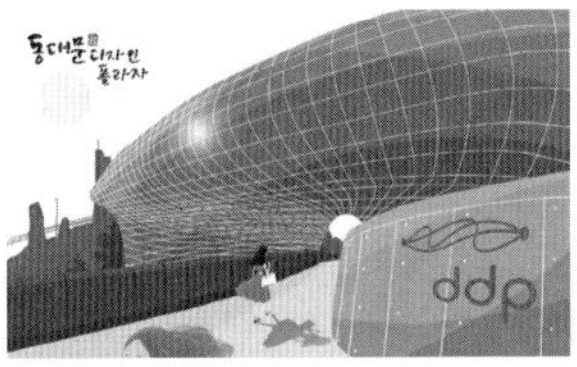

보기 가: 예쁜 옷을 사고 싶은데 어디에 가면 싸고 예쁜 옷이 많아요?

나: 동대문 DDP에 예쁜 옷이 많던데 거기에 가 보세요.

1) 가: 헤어스타일을 바꾸고 싶은데 저한테 어떤 머리가 어울릴까요?

나: 요즘 ______________________________ 한번 해 보세요.

2) 가: 주말에 갈 만한 곳이 없을까요?

나: ______________________________ 거기 가 보세요.

3) 가: 민유 씨 생일 선물을 사려고 하는데 뭘 사야 할지 모르겠어요.

나: ______________________________ 모자를 사는 게 어때요?

4) 가: 도서관에 사람이 많아서 자리가 없는데 어디 공부할 곳이 없을까요?

나: ______________________________.

5) 가: 졸업 사진 찍는 것을 부탁하고 싶은데 혹시 누가 사진을 잘 찍는지 알아요?

나: ______________________________.

-ㄴ다면서요/는다면서요?

1. 알맞은 표현을 골라 대화를 완성하십시오.

조조 영화는 요금이 싸다	한국 사람은 커피를 많이 마시다	압둘라가 지갑을 잃어버렸다
제프리 씨는 사진 찍는 것이 취미다	옛날에는 남녀가 따로 생활했다	

1) 가: 조조 영화는 요금이 싸다면서요?

나: 네, 아침에 상영하니까 할인을 많이 해 줘요.

2) 가: ______________________________?

나: 그런 편이에요. 저도 하루에 두 잔 이상 마셔요.

3) 가: ______________________________?

나: 몰랐어요? 그래서 날마다 카메라를 들고 다니잖아요.

4) 가: ______________________________?

나: 응, 그래서 지금 은행에 카드 분실 신고를 하러 갔어.

5) 가: ______________________________?

나: 네, 그래서 한옥에는 남녀의 생활 공간이 따로 있어요.

2. 보기 와 같이 대화를 완성하십시오.

> 보기
>
> 가: 여러분, 다음 달에 문화 체험을 갈 거예요.
>
> 나: 선생님, 이번에는 문화 체험을 월드컵 공원으로 간다면서요?
>
> 가: 네, 월드컵 공원이 가깝고 경치도 좋거든요.

1) 가: 지난주에 캠핑을 갔다 왔는데 정말 즐거웠어요.

나: 저도 얘기 들었어요. 그런데 캠핑장에 ______________________________?

가: 네, 있어요. 그런데 진짜 몽골에서 만든 텐트는 아니고 지붕 모양만 비슷해요.

2) 가: 학교에 있는 미용실에서 머리하고 왔는데 어때요?

나: 잘 어울리네요. 그런데 ____________________?

가: 아니요. 다른 미용실에 비해서 별로 안 비쌌어요.

3) 가: 우리 동아리에서 다음 주말에 제주도에 가기로 했어요.

나: 그런데 주말에는 ____________________? 평일에 가면 안 되나요?

가: 주말에 사람이 많긴 하지만 우리 회원들이 모두 쉬는 날은 주말밖에 없어서요.

4) 가: 밤도깨비 야시장에 가 봤어요?

나: 아직 못 가 봤어요. 그런데 밤도깨비 야시장은 ____________________?

가: 네, 그래서 이름이 '밤' 도깨비 야시장이에요.

5) 가: 장핑 씨가 만든 요리 먹어 봤어요? 진짜 맛있어요.

나: ____________________?

가: 맞아요. 지금 국민 호텔에서 일하고 있어요.

6) 가: 마키 씨는 3급인데도 한국 사람처럼 말을 잘하네요.

나: 그러게요. 지난번에 말하기 대회에서도 ____________________?

가: 네, 1등을 해서 상을 받았다고 해요.

-았던/었던

1. 보기 와 같이 문장을 완성하십시오.

보기 한국에 와서 제일 처음 이 비빔밥을 먹었다.

→ 이 비빔밥은 한국에 와서 제일 처음 먹었던 음식이다.

1) 어렸을 때 부모님이 이 곰 인형을 사 주셨다.

→ 이 곰 인형은 ____________________.

2) 고향에 있을 때 이 손거울을 샀다.

→ 이 손거울은 ______________________________.

3) 고등학생 때 이 책을 읽었다.

→ 이 책은 ______________________________.

4) 이 공원에서 남편한테 첫 고백을 받았다.

→ 이 공원은 ______________________________.

5) 지난번에 차 동아리 모임에서 이 사람을 한 번 만났다.

→ 이 사람은 ______________________________.

2. 보기 와 같이 대화를 완성하십시오.

보기

가: 한국에 와서 제일 처음 산 물건이 뭐예요?

나: 제일 처음 샀던 것은 생활용품이에요.

1) 가: 한국에 와서 제일 먼저 어디에 갔어요?

나: ______________________________.

2) 가: 가장 처음 본 한국 영화가 뭐예요?

나: ______________________________.

3) 가: 부모님께 처음 드린 선물이 뭐예요?

나: ______________________________.

4) 가: 지금까지 받은 선물 중에 가장 마음에 드는 게 뭐예요?

나: ______________________________.

5) 가: 한국에 와서 먹은 한국 음식 중에서 뭐가 제일 맛있었어요?

나: ______________________________.

듣기 어휘·표현

1. 알맞은 어휘를 골라 대화를 완성하십시오.

장비	대형	구입하다	적당하다

간토야 다음 주 토요일에 친구들과 캠핑을 하려고 하는데 텐트를 빌릴 수 있나요?

직원 네, 본인 텐트를 사용할 수도 있고 인원수에 따라 1)__________(으)ㄴ 텐트를 빌릴 수도 있습니다. 몇 명이 오실 건가요?

간토야 여덟 명이요.

직원 그럼 '몽골 텐트'를 사용하세요.

간토야 '몽골 텐트'가 뭐예요?

직원 다른 텐트보다 크고 지붕이 몽골 전통 집과 비슷한 텐트예요.

간토야 아, 그렇군요. 그리고 저, 친구한테 들었는데 캠핑장에서 바비큐도 할 수 있다면서요? 바비큐 장비도 빌릴 수 있나요?

직원 네, 모든 2)__________이/가 대여 가능하고 고기와 채소도 캠핑장 안의 마트에서 다 3)__________(으)ㄹ 수 있습니다.

간토야 정말 편리하네요. 텐트하고 바비큐 장비 대여료는 얼마예요?

직원 몽골 텐트는 4)__________을/를 사용하시면 되고 오만 원입니다.

2. 알맞은 어휘를 골라 문장을 완성하십시오.

당	인원수	안전사고	본인

1) __________ 때문에 캠핑장 안에서는 자전거나 인라인스케이트를 탈 수 없습니다.

2) 바비큐 장비의 대여료는 테이블__________이만 팔천 원입니다.

3) 비자를 연장하려면 __________이/가 신분증을 가지고 출입국 관리 사무소에 직접 가야 한다.

4) 다음 주에 반 친구들과 공연을 보러 가는데 __________에 맞게 표를 미리 예매해 놓았어요.

읽기 어휘·표현

1. 알맞은 어휘를 골라 글을 완성하십시오.

터지다	관람하다	잠들다	활동하다

야시장에는 맛있는 먹거리가 너무 많았어요! 여러 나라 음식을 파는 푸드 트럭들은 구경만 해도 재미있고, 청년 요리사들이 열심히 요리해 주셔서 그런지 더 맛있더라고요.^^ 친구하고 이것저것 너무 많이 먹어서 배가 1)______________(으)ㄹ 것 같았어요.

오늘의 특별한 공연, 한복 패션쇼를 재미있게 2)______________았어요/었어요. 평소에는 볼 수 없었던 공연을 볼 수 있어서 참 좋았어요. 색깔과 디자인이 예뻤는데, 예전에 경복궁에서 빌려 입었던 한복과 조금 달랐어요. 이 한복은 일상생활에서 편안하게 3)______________(으)ㄹ 수 있는 디자인으로 만들었다고 해요.

집에 오니까 피곤했지만 기분이 좋았어요. 서울은 굉장히 활기찬 도시예요. 밤에도 4)________지 않는 도시, 문화가 있는 도시! 여기에서 오래오래 살고 싶어요.

2. 알맞은 어휘를 골라 문장을 완성하십시오.

시간 가다	열리다	짓다	부리다

1) 주말에 DDP에서 야시장이 ____________ㄴ다고/는다고 해서 갔다 왔다.

2) 도깨비는 주로 어두운 밤에 나타나고 손에 들고 있는 방망이로 요술을 ____________ㄴ다고/는다고 한다.

3) 야시장은 도깨비처럼 밤에 잠깐 열렸다가 없어지기 때문에 그 이름을 '서울 밤도깨비 야시장'이라고 ____________았다/었다.

4) 한국의 전통 시장에 갔는데 구경할 것이 너무 많아서 ____________는 줄 몰랐다.

06과 건강

어휘·표현

1. 관계있는 어휘를 연결하고 문장을 완성하십시오.

과식	흡연	불면증	체중 관리

1) 나는 ____________________을/를 위해서 밤에 야식을 먹지 않는다.

2) 버스 정류장은 ____________________ 금지 구역이어서 담배를 피우면 벌금을 내야 한다.

3) ________________이/가 있을 때는 커피를 적게 마시고 낮에 가볍게 운동하는 것이 좋다.

4) 적당한 양의 식사를 하는 것이 건강에 좋다. ______________을/를 하면 소화가 잘 안 되고 위에도 좋지 않다.

2. 알맞은 어휘를 골라 문장을 완성하십시오.

규칙적	골고루	꾸준히

1) 내 친구는 부지런해서 방학에도 ____________(으)로 생활한다.

2) 건강을 유지하기 위해서 평소에 ____________ 운동하는 습관을 가지는 것이 좋다.

3) 건강하게 살려면 편식하지 않고 고기, 채소나 과일 등의 음식을 ____________ 먹는 것이 좋다.

3. 알맞은 어휘를 골라 문장을 완성하십시오.

설치다	거르다	취하다	챙기다

1) 바쁘기는 하지만 건강을 위해서 하루 세 끼를 ________________아/어 먹으려고 신경 쓴다.
2) 여름에는 밤에도 날씨가 더워서 잠을 ________________는 사람이 많다.
3) 민수 씨는 늦게 자고 늦게 일어나서 자주 아침 식사를 ____________ㄴ다/는다.
4) 저녁에 가볍게 운동을 하고 따뜻한 물로 샤워하면 숙면을 ____________는 데 도움이 된다.

4. 알맞은 어휘를 골라 글을 완성하십시오.

바르다	고치다	똑바로

자세가 1)____________________지 않으면 신체 여러 부위에 문제가 생기고 생활에 불편함을 느끼게 된다. 따라서 평소의 잘못된 자세를 2)________________는 것이 좋다. 예를 들면, 의자에 앉을 때는 엉덩이를 의자 안쪽에 붙이고, 허리를 펴고 3)________________ 앉아야 한다. 다리를 꼬는 자세는 허리에 좋지 않다.

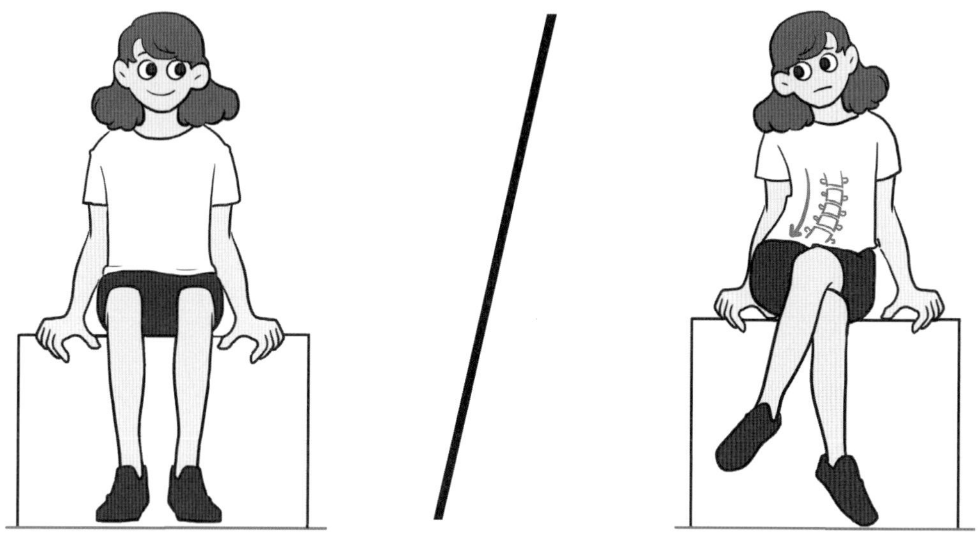

-았더니/었더니

1. 알맞은 표현을 골라 문장을 완성하십시오.

초콜릿을 많이 먹다	아픈 친구를 돌봐 주다	운동 후에 샤워하다
담배를 끊다	아이들을 놀이공원에 데려오다	등산을 오래 하다

1) **초콜릿을 많이 먹었더니** 충치가 생겼어요.

2) ________________ 그 친구가 고맙다고 해요.

3) ________________ 아이들이 너무 좋아해요.

4) ________________ 기분이 상쾌해요.

5) ________________ 목도 안 아프고 건강도 좋아졌어요.

6) ________________ 다리가 아파요.

2. 보기 와 같이 대화를 완성하십시오.

보기

가: 요즘 건강해 보이네요.

나: **꾸준히 운동을 했더니 건강이 좋아진 것 같아요.**

1) 가: 점심시간인데 식사하러 안 가요?

나: ________________ 지금 별로 배가 안 고파요.

2) 가: 봉사 활동을 해 보니까 어때요?

나: 조금 힘들긴 했지만 ________________.

3) 가: 왜 잘 못 걸어요? 다리가 아파요?

나: 어제 하루 종일 ________________.

4) 가: 요즘 스트레스를 많이 받는다고 했잖아요. 그런데 오늘은 기분이 좋아 보이네요.

나: ____.

5) 가: 수업 시간에 왜 그렇게 졸아요? 많이 피곤해요?

나: ____.

6) 가: 오늘은 다른 때보다 방이 훨씬 깨끗해 보여요.

나: ____.

-아야지요/어야지요

1. 알맞은 표현을 골라 대화를 완성하십시오.

과제를 미리미리 하다	돈을 아껴 쓰다	건강에 좋은 음식을 먹다
적당히 운동을 하다	늦으면 전화를 하다	술을 조금만 마시다

1) 가: 내일까지 과제를 내야 하는데 아직 반도 못 했어.

나: **과제를 미리미리 해야지.**

2) 가: 이번 달 생활비를 벌써 다 썼어요.

나: ____.

3) 가: 운동도 안 하고 날마다 집에만 있었더니 체력이 약해졌어요.

나: ____.

4) 가: 과음했더니 머리가 아파요.

나: ____.

5) 가: 요즘 바빠서 매일 즉석식품만 사 먹어요.

나: ____.

6) 가: 왜 이렇게 늦게 들어왔어요?

나: 미안해요. 정신이 없어서 전화하는 걸 잊어버렸어요.

가: 많이 걱정했잖아요. ______________________________.

2. 보기 와 같이 대화를 완성하십시오.

보기

가: 일주일 동안 숙제를 안 했더니 배운 게 잘 생각이 안 나요.

나: 그날그날 숙제를 해야지요. 안 그러면 배운 걸 금방 잊어버릴 거예요.

1) 가: 바빠서 부모님께 연락을 못 드린 지 오래 됐어요.

나: ______________________. 안 그러면 ______________________.

2) 가: 게임을 많이 해서 눈이 너무 아파.

나: ______________________. 안 그러면 ______________________.

3) 가: 아르바이트 때문에 너무 힘들어. 오늘은 학교에 안 갈래.

나: ______________________. 안 그러면 ______________________.

4) 가: 다이어트를 하려고 하루에 한두 끼만 먹는데도 살이 안 빠져요.

나: ______________________. 안 그러면 ______________________.

5) 가: 설날에 고향에 갈 건데 아직 표를 예매하지 않았어요.

나: ______________________. 안 그러면 ______________________.

6) 가: 어젯밤에 너무 피곤해서 양치질도 못 하고 잤어요.

나: ______________________. 안 그러면 ______________________.

-다 보면

1. 관계있는 것을 연결하고 문장을 완성하십시오.

1) 한국에서 계속 살다 •	• 한국말에 자신감이 생기다
2) 취미 활동을 하다 •	• 한국 문화에 익숙해지다
3) 댄스 연습을 꾸준히 하다 •	• 하루하루가 즐겁다
4) 한국 사람과 자주 얘기하다 •	• 가수처럼 춤을 잘 추게 되다
5) 그 노래를 몇 번 듣다 •	• 가사를 금방 외우게 되다

1) 한국에서 계속 살다 보면 한국 문화에 익숙해질 거예요.

2) ______________________________.

3) ______________________________.

4) ______________________________.

5) ______________________________.

2. 보기 와 같이 대화를 완성하십시오.

> 보기
> 가: 소화가 잘 안 되는 것 같아요.
>
> 나: 산책을 해 보세요. 산책하다 보면 천천히 소화가 될 거예요.

1) 가: 계속 컴퓨터를 했더니 어깨가 너무 아파요.

나: 스트레칭을 해 보세요. ______________________________.

2) 가: 기분이 안 좋을 때 어떻게 풀어요?

나: 친구와 맛있는 걸 먹어요. ______________________________.

3) 가: 저는 발표하기 전에 너무 긴장되고 떨려요.

나: 연습을 많이 하세요. ______________________________.

4) 가: 어제 이사했는데 집안이 엉망이에요. 언제 다 정리할 수 있을지 모르겠어요.

나: 조금씩 정리해 보세요. ______________________________.

5) 가: 고민이 있을 때 어떻게 해요?

나: 저는 부모님하고 얘기해요. ______________________________.

6) 가: 친구가 이 책이 재미있다고 추천해서 읽고 있는데 좀 지루하네요.

나: 저도 읽었는데 처음 부분만 그래요. ______________________________.

-곤 하다

1. 보기 와 같이 문장을 완성하십시오.

보기 한가할 때 / 나

→ 한가할 때 나는 좋아하는 음악을 들으면서 휴식을 취하곤 한다.

1) 비 오는 날에 / 한국 사람들

→ ________________________________.

2) 기분이 좋으실 때 / 우리 아빠

→ ________________________________.

3) 어렸을 때 눈이 오면 / 나와 친구들

→ ________________________________.

4) 내 생일에 / 나

→ ________________________________.

5) 어렸을 때 용돈을 받으면 / 나

→ ________________________________.

2. 보기 와 같이 대화를 완성하십시오.

> 보기
> 가: 여가 시간에 뭐 해요?
>
> 나: 친구들하고 만나거나 취미 활동을 하곤 해요.

1) 가: 동창들을 만나면 뭘 해요?

나: ______________________.

2) 가: 밤에 배가 고프면 어떻게 해요?

나: ______________________.

3) 가: 너무 피곤할 때 어떻게 피로를 풀어요?

나: ______________________.

4) 가: 바쁠 때는 어떻게 식사를 해결해요?

나: ______________________.

5) 가: 어렸을 때 학교가 끝난 후에 친구들이랑 뭐 하고 놀았어요?

나: ______________________.

6) 가: 한국에 와서 명절을 어떻게 보냈어요?

나: ______________________.

듣기 어휘·표현

1. 알맞은 어휘를 골라 글을 완성하십시오.

긍정적	혈액 순환	튼튼이	전환

우울한 감정은 누구에게나 생길 수 있지만 그런 마음이 오래 가면 좋지 않겠지요. 그럼 우울할 때 기분을 좋게 하는 네 가지 방법을 알아볼까요?

먼저 운동을 하는 것입니다. 운동을 하면 1)__________이/가 좋아지고 기분 2)__________에도 도움이 됩니다. 매일 꾸준히 가볍게 걷기만 해도 좋은 기분을 유지하는 데 도움이 될 겁니다. 둘째, 명상을 하는 것입니다. 명상을 하면 화가 나는 감정이 줄어들고 3)__________인 생각이 듭니다. 명상을 할 시간이 없으면 4)__________ 숨을 세 번 깊게 쉬어 보세요. 이런 행동도 우리 마음을 편안하게 해 줍니다.

2. 알맞은 표현을 골라 문장을 완성하십시오.

가볍다	실천하다	의미 있다	도움이 되다

1) 공부하다가 목이나 어깨가 아프면 __________게 스트레칭을 해 보세요. 근육이 부드러워지고 통증도 없어져요.

2) 적당히 휴식을 취하면 스트레스가 줄어서 정신 건강에 __________ㄴ다/는다.

3) 방학을 좀 __________게 보내고 싶어서 고아원을 찾아가 봉사 활동을 할까 한다.

4) **가:** 올해는 금연에 성공할 거예요.

나: 말만 하지 말고 꼭 __________(으)세요.

읽기 어휘·표현

1. 알맞은 어휘를 골라 글을 완성하십시오.

야근	여가 시간	영양제	평일	스트레스

피터 씨는 회사원이다. 1)__________에 아침 여섯 시쯤 일어나서 한국어를 배우러 간다. 그러고 나서 회사로 출근한다. 피터 씨는 늦게까지 2)__________을/를 하는 날이 많기 때문에 3)__________을/를 많이 받는 편이다. 스트레스를 풀기 위해서 보통 운동을 하는데 야근이 없는 날에는 스포츠 센터에 가서 수영과 헬스를 두 시간 정도 한다. 식사는 주로 식당에서 하고 바쁠 때는 식사를 거르기도 하지만, 비타민 같은 4)__________을/를 매일 챙겨 먹는다. 주말이나 5)__________에는 친구들과 같이 농구나 축구 같은 운동을 하거나 여행을 가곤 한다.

2. 알맞은 어휘를 골라 문장을 완성하십시오.

평소	인생	휴식	어울리다	풀다

1) 나는 __________에 한국 음식을 즐겨 먹지만 명절이 되면 고향 음식이 너무 그립다.

2) __________에서 가장 중요하다고 생각하는 것은 사람마다 다를 것이다.

3) 명상은 화가 나는 감정을 줄여 주고 피로를 __________는 데 도움이 된다.

4) 나는 친구들과 __________는 것을 매우 좋아해서 한가한 날에는 친구들과 만나서 밤늦게까지 수다를 떤다.

5) 건강을 위해서는 좋은 식사, 적당한 운동 그리고 충분한 __________이/가 꼭 필요하다.

07과 날씨

어휘·표현

1. 알맞은 어휘를 골라 문장을 완성하십시오.

꽃샘추위	폭우	한파	일교차	건조하다

1) 따뜻한 봄기운을 느낄 수 있었던 주말이 지나면 월요일부터 다시 ____________ 이/가 찾아올 것으로 예상됩니다. 감기에 걸리지 않게 주의하시기 바랍니다.

2) 내일은 날씨가 많이 추워지면서 ____________ 이/가 예상됩니다. 두꺼운 외투를 준비하시기 바랍니다.

3) 이틀 동안 많은 비가 내렸습니다. 이번 ____________ (으)로 한강의 수위가 높아졌습니다.

4) **가:** 낮에는 더웠는데 밤이 되니까 좀 춥다. 이제 여름이 끝나고 가을이 온 것 같아.

나: 요즘 같은 날씨에는 ____________ 이/가 커서 감기 걸리기 쉬우니까 조심해.

5) **가:** 요즘 너무 ____________ 아서/어서 피부가 안 좋아졌어.

나: 그래? 그럴 때는 물을 많이 마셔 봐.

2. 여름과 가을에 나타나는 날씨의 특징입니다. 알맞은 어휘를 고르십시오.

단풍	장마	찬 바람	태풍	잎	무더위

여름

1) **무더위가** 이/가 시작되다

2) ____________ 이/가 시작되다

3) ____________ 이/가 오다

가을

4) ____________ 이/가 들다

5) ____________ 이/가 불다

6) ____________ 이/가 떨어지다

3. 알맞은 어휘를 골라 일기 예보를 완성하십시오.

남부 지방	경기도	안개	영상	최저 기온

오늘 전국의 날씨는 흐릴 것으로 예상됩니다. 낮 최고 기온은 1)__________ 7도, 2)__________은/는 영하 2도입니다. 3)__________이/가 끼는 곳도 있으니 교통안전에 주의하시기 바랍니다. 강원도나 4)__________ 같은 중부 지방에는 비가 오는 곳도 있겠습니다. 부산과 광주 등 5)__________에 비 소식은 없습니다. 지금까지 오늘의 날씨를 알려 드렸습니다.

-게[2]

1. 관계있는 것을 연결하고 문장을 완성하십시오.

1) 배운 문법을 잊어버리지 않다 •	• 듣고 따라 하는 연습을 하세요.
2) 말하기 속도가 빨라지다 •	• 복습을 꼭 하세요.
3) 단어를 빨리 외우다 •	• 여러 번 써 보세요.
4) 한국 사람과 자주 이야기할 수 있다 •	• 거울을 보면서 연습하세요.
5) 한국 문화를 이해할 수 있다 •	• 동아리에 가입해 보세요.
6) 발음을 연습할 때 입 모양을 볼 수 있다 •	• 한국 드라마나 영화를 많이 보세요.

1) 배운 문법을 잊어버리지 않게 복습을 꼭 하세요.

2) ____________________.

3) ____.

4) ____.

5) ____.

6) ____.

2. (보기) 와 같이 대화를 완성하십시오.

> **보기**
>
> **가:** 어제 영화관에서 잠깐 핸드폰을 봤는데 옆에 앉은 사람이 저에게 화를 냈어요.
>
> **나:** 영화 볼 때는 주위 사람들에게 **방해가 되지 않게** 핸드폰을 켜지 말아야 해요.

1) **가:** 내일 학교 갈 때 필요한 준비물은 다 챙겼어?

나: 네, 엄마. 그런데 책을 한 권 사야 해요. ______________________ 돈 좀 주세요.

2) **가:** 밥 먹고서 약 먹는 것을 자꾸 잊어버려요.

나: 빨리 ______________________ 약을 잘 챙겨 드세요.

3) **가:** 결혼식에 이 옷을 입고 갈까요?

나: 오늘 영하 2도까지 내려간다고 했어요. ______________________ 따뜻한 옷을 입는 게 좋겠어요.

4) **가:** 음식을 정말 많이 만드셨네요. 시간이 많이 걸렸겠어요.

나: 음식이 ______________________ 좀 많이 준비했어요. 맛있게 드세요.

5) **가:** 어제 몇 시에 집에 왔어? 난 네가 집에 들어온 줄도 모르고 잤어.

나: 밤 열한 시에 왔는데 네가 자고 있어서 ______________________ 조용히 들어왔어.

6) **가:** 눈이 오고 나서 빙판길이 많이 생겼어요. 여기도 너무 미끄럽네요.

나: ______________________ 제 팔을 잡고 조심히 걸어요.

-든지 -든지 하다

1. 관계있는 것을 연결하고 문장을 완성하십시오.

1) 길을 모를 때는 •	• 약속을 미루다,	________
2) 밤늦게 배가 고플 때는 •	• 우유를 마시다,	________
3) 약속을 지키기 어려울 때는 •	• 스트레칭을 하다,	________
4) 컴퓨터가 고장 났을 때는 •	• 지도를 보다,	지나가는 사람에게 물어보다
5) 공부하는데 졸릴 때는 •	• 설명서를 읽어 보다,	________
6) 목이 아플 때는 •	• 따뜻한 물을 마시다,	________

1) 길을 모를 때는 지도를 보든지 지나가는 사람에게 물어보든지 하세요.

2) ____.

3) ____.

4) ____.

5) ____.

6) ____.

2. 보기 와 같이 대화를 완성하십시오.

보기

가: 바트, 피곤하다고 했잖아. 빨리 자든지 숙제하든지 해.

나: TV를 조금만 더 보고 숙제할게.

1) 가: 머리가 너무 아파. 혹시 두통약 있어?

나: 난 없는데 어떡하지? ________________________________(으)ㄹ까?

(내가 편의점에 가서 사 오다 / 옆방 친구에게 물어보다)

2) 가: 비행기 표는 예매했어? 방학에 고향에 간다고 했잖아.

나: 예매를 늦게 해서 비싼 표만 남았어. ______________________ 아야/어야 할 것 같아.
(비싼 표를 사다 / 다음 방학에 가다)

3) 가: 지갑을 안 가져왔네. 오늘은 같이 밥 먹으러 못 가겠다. 미안해.

나: 오늘은 내가 살게. 네가 다음에 ______________________ 아/어.
(커피를 사다 / 밥을 사다)

4) 가: 헤어스타일을 바꾸고 싶은데, 어떻게 할까?

나: 그럼 ______________________ 아/어 봐. 잘 어울릴 것 같아.
(앞머리를 자르다 / ______________________)

5) 가: 살을 조금 빼고 싶은데 어떤 방법이 좋을까?

나: 그럼 ______________________ 해 봐. 조금만 노력하면 뺄 수 있을 거야.
(식사량을 줄이다 / ______________________)

-기 바라다

1. 알맞은 표현을 골라 문장을 완성하십시오.

열심히 일하다	따로 버리다	조용히 해 주다
흡연하다	말씀해 주다	전원을 꺼 주다

1) 공공장소에서는 다른 사람에게 방해가 되지 않게 **조용히 해 주시기 바랍니다.**

2) 놀이공원은 어린이가 많이 이용하는 시설입니다. 정해진 장소에서만 ______________________.

3) 다음 회의는 내일 두 시입니다. 참석이 어려우신 분은 미리 ______________________.

4) 비행기에서는 핸드폰을 사용할 수 없습니다. 출발하기 전에 ______________________.

5) 가: 저기요, 이 쓰레기를 여기에 다 같이 버리면 돼요?

나: 이 공원에서는 분리수거를 하니까 ______________________.

6) 가: 부장님, 이번에 새로 입사한 김민수입니다. 잘 부탁드립니다.

나: 반가워요. 앞으로 회사를 위해서 ______________________.

2. 관계있는 것을 연결하고 대화를 완성하십시오.

상황	응원하는 말
1) 새해가 되어 인사하는 딸에게 • ——	• 좋은 일만 생기다
2) 토픽 시험을 보러 가는 친구에게 •	• 이번에는 성공하다
3) 결혼하는 친구에게 •	• 빨리 찾다
4) 달을 보며 소원을 비는 친구에게 •	• 소원이 이루어지다
5) 지갑을 잃어버린 친구에게 •	• 행복하게 살다
6) 금연을 하는 친구에게 •	• 시험 잘 보다

1) 가: 아버지, 어머니. 새해 복 많이 받으세요.

나: 고맙다. 너도 올 한해 **좋은 일만 생기기 바란다.**

2) 가: 휴, 긴장돼. 토픽 시험을 잘 볼 수 있을까?

나: ______________________________.

3) 가: 바쁜데도 결혼식에 와 줘서 고마워.

나: 둘이 너무 잘 어울린다. ______________________.

4) 가: 달님, 올해는 꼭 남자 친구가 생기게 해 주세요.

나: ______________________________.

5) 가: 어제 지갑을 잃어버려서 오늘도 계속 찾고 있어.

나: 많이 걱정되겠다. ________________________.

6) 가: 의사 선생님께서 꼭 금연하라고 하셨어.

나: 할 수 있을 거야. ________________________.

에 의하면

1. 관계있는 것을 연결하고 문장을 완성하십시오.

1) 사용 설명서 •	• 외국 사람들이 제일 좋아하는 한식은 불고기다
2) 의학 전문가 •	• 한 번 충전으로 네 시간 정도 사용이 가능하다
3) 설문 조사 •	• 다음 달부터 버스 요금이 오를 것이다
4) 여행 잡지 기사 •	• 전주에서는 콩나물 국밥을 꼭 먹어 봐야 하다
5) 정부 발표 •	• 에어컨 때문에 냉방병 환자가 늘고 있다
6) 회사 설명 •	• 이번에 나온 제품에는 새로운 기술이 사용되었다

1) 사용 설명서에 의하면 한 번 충전으로 네 시간 정도 사용이 가능하다고 합니다.

2) ________________________.

3) ______________________________.

4) ______________________________.

5) ______________________________.

6) ______________________________.

2. 알맞은 표현을 골라 대화를 완성하십시오.

선생님 말씀	일기 예보	버스 정보 시스템
신문 기사	할아버지 말씀	항공사 직원의 말

1) 가: 요즘은 외국 유학생들과 같이 수업을 들을 때가 많아요.

나: 신문 기사에 의하면 한국으로 유학 오는 학생들이 많아졌다고 해요. 앞으로도 더 많아질 것 같아요.
(한국으로 유학 오는 학생들이 많아졌다)

2) 가: 서울역으로 가는 버스는 언제 도착해요?

나: ______________________________. 조금만 기다려 보세요.
(10분 뒤에 도착하다)

3) 가: 기말시험이 어려울까요? 너무 걱정돼요.

나: ______________________________. 걱정하지 말고 잘 준비하세요.
(중간시험과 비슷할 것이다)

4) 가: 주말에 등산을 가려고 하는데 날씨가 어떤지 알아요?

나: ______________________________. 등산 잘 다녀오세요.
(주말에 맑고 따뜻하다)

5) 가: 왜 비행기 출발 시간이 변경된 거예요?

나: ______________________________. 한 시간 후에 출발한다고 했어요.
(바람이 강하게 불어서 그렇다)

6) 가: 한국은 정말 교통이 편리한 것 같아요. KTX를 타면 부산까지 두 시간도 안 걸리잖아요.

나: ______________________________. 교통이 정말 편리해졌어요.
(예전에는 부산까지 여섯 시간이나 걸렸다)

듣기 어휘·표현

1. 알맞은 어휘를 골라 일기 예보를 완성하십시오.

유의하다	준비하다	알려 드리다	예상되다

3월 28일 오늘의 날씨를 말씀드리겠습니다.

오늘은 전국이 맑다가 오후부터 흐려지겠습니다. 대구의 낮 기온이 20도까지 오르고 전국적으로 따뜻한 봄기운을 느낄 수 있겠습니다. 오늘 아침 서울의 최저 기온은 4도, 낮 최고 기온은 15도로 어제보다 기온이 조금 높겠습니다. 미세 먼지 농도는 전국적으로 '나쁨'이지만 강원도는 '보통'으로 1)＿＿＿＿＿＿ㅂ니다/습니다.

내일은 우산을 2)＿＿＿＿＿＿(으)셔야겠습니다. 전국이 흐리고 곳곳에 봄비가 내리겠습니다. 강원도와 제주도는 새벽부터, 그 밖의 지역은 낮부터 비가 내릴 것으로 예상됩니다. 남부 지방에는 안개가 끼는 곳도 있으니 교통안전에 3)＿＿＿＿＿＿(으)시기 바랍니다.

이번 주 내내 일교차가 크고 미세 먼지 농도가 높으니 건강에 주의하시기 바랍니다.

지금까지 기상 센터에서 4)＿＿＿＿＿＿았습니다/었습니다.

2. 알맞은 어휘를 골라 문장을 완성하십시오.

최고	지방	곳곳	교통안전	내내

1) 한국의 남부 ＿＿＿＿＿＿은/는 바다와 가까워서 해산물로 만든 음식이 많은 편이다.

2) 이번 주말에는 전국 ＿＿＿＿＿＿에서 다양한 꽃 축제가 열린다고 합니다.

3) 내일 낮 ＿＿＿＿＿＿ 기온은 35도입니다. 오늘보다 더 더워질 것으로 예상됩니다.

4) **가:** 제프리, 어제 잠 못 잤어? 수업 시간 ＿＿＿＿＿＿ 졸던데.

나: 감기약을 먹었더니 계속 잠이 오네.

5) **가:** 어젯밤에 눈이 많이 와서 길이 많이 미끄러워요.

나: 네, 오늘 아침 뉴스에서도 ＿＿＿＿＿＿에 주의하라고 하더라고요.

읽기 어휘·표현

1. 알맞은 어휘를 골라 글을 완성하십시오.

단계	따로	훨씬	농도	영향

미세 먼지

'미세 먼지'는 보통 먼지들보다 크기가 1)__________ 작은 먼지를 말한다. 바람이 불지 않거나 공기가 움직이지 않을 때 미세 먼지의 2)__________이/가 높아진다. 미세 먼지는 코나 입으로 우리 몸에 들어와 건강에 좋지 않은 3)__________을/를 준다. 따라서 미세 먼지 농도가 높을 때는 외출을 자제하는 것이 좋으며 외출할 때는 마스크를 쓰는 것이 좋다.

미세 먼지 예보 기준

한국 환경부에 의하면 공기 중 미세 먼지 농도는 '좋음', '보통', '나쁨', '매우 나쁨', 네 4)__________(으)로 나뉜다고 한다. 기상청에서는 미세 먼지 농도와 초미세 먼지 농도를 5)__________ 예보한다. '초미세 먼지'는 미세 먼지보다 더 작은 미세 먼지를 말한다.

2. 알맞은 어휘를 골라 문장을 완성하십시오.

노약자석	발생하다	정보	외출	수신하다

1) 대학교 입학에 대한 __________이/가 필요하면 글로벌센터 2층 사무실에 가 보세요.
2) 미세 먼지가 __________았을/었을 때는 마스크를 쓰고 외출하는 것이 좋습니다.
3) 안전 안내 문자를 __________고 싶은 분은 핸드폰으로 설정을 바꾸면 됩니다.
4) 버스나 지하철에는 나이가 많거나 몸이 불편한 사람을 위해서 __________이/가 있습니다.
5) 기숙사 학생들은 __________ 시 전기 제품 전원이 꺼져 있는지 꼭 확인하시기 바랍니다.

08과 부상·질병

어휘·표현

1. 그림을 보고 알맞은 표현을 골라 글을 완성하십시오.

엑스레이를 찍다	소독약을 바르다	확인하다	검사를 받다	베이다

 → 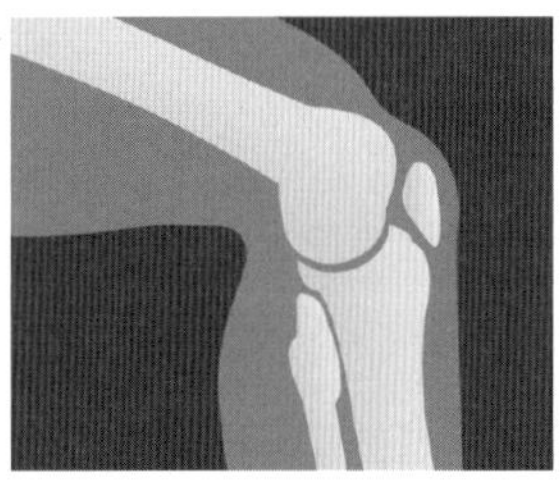

자전거를 타다가 넘어졌는데 무릎이 너무 아팠다. 병원에 가니까 의사 선생님이 먼저 1)____________________고서 상태를 2)____________________자고 하셨다.

 → 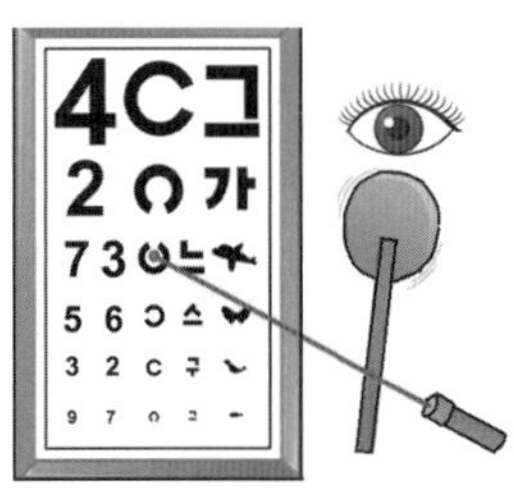

날마다 컴퓨터를 오랜 시간 사용하는데 요즘 눈이 피곤하고 글씨도 잘 안 보인다. 시력이 나빠진 것 같아서 병원에 가서 시력 3)________________(으)려고 한다.

 → 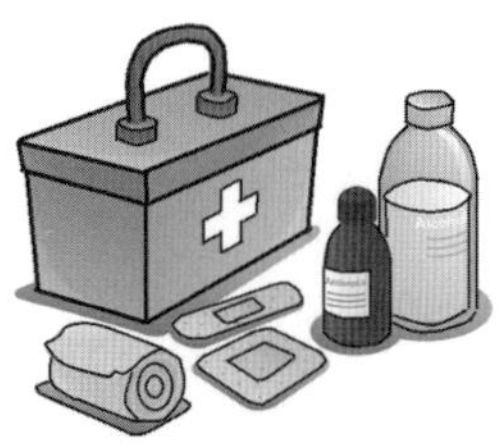

요리를 하다가 칼에 손을 4)__________았다/었다. 피가 나서 5)____________ ____________고 밴드를 붙였다.

2. 관계있는 표현을 연결하고 문장을 완성하십시오.

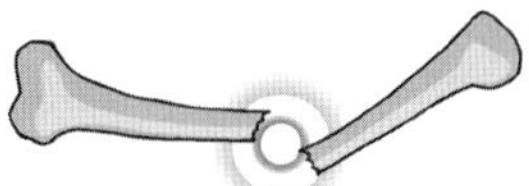  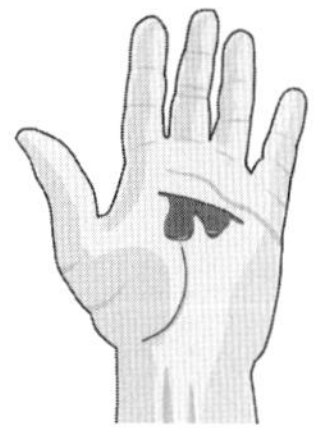 

상처가 나다	뼈가 부러지다	화상을 입다	두드러기가 나다
통증이 심하다	피가 나다	가렵다	물집이 생기다

1) 종이를 자르다가 가위에 손을 베였다. ______________________(으)ㄴ 자리에서 피가 많이 났다.

2) 뜨거운 라면 국물을 다리에 쏟아서 ______________________았는데/었는데 물집이 생기고 통증도 심하다.

3) 저녁에 새우를 먹은 다음부터 온몸이 가려워서 보니까 ______________________았다/었다.

4) 계단에서 넘어졌는데 ______________________아서/어서 깁스를 해야 한다고 한다.

-다가[2]

1. 보기 와 같이 문장을 완성하십시오.

> **보기**
> 부모님이 갑자기 오시다 / 서둘러 요리하다 / 칼에 손가락을 베이다
>
> → **부모님이 갑자기 오셔서 서둘러 요리하다가 칼에 손가락을 베였어요.**

1) 친구가 말을 걸다 / 친구에게 대답하다 / 선생님 말씀을 못 듣다

→ ____.

2) 중요한 문자 메시지가 오다 / 핸드폰을 보면서 걷다 / 나무에 부딪치다

→ ______________________________.

3) 바쁘다 / 위가 아픈데도 병원에 안 가고 참다 / 위염이 더 심해지다

→ ______________________________.

4) 단 것을 좋아하다 / 초콜릿을 자주 먹다 / 충치가 생기다

→ ______________________________.

5) 약속에 늦다 / 뛰다 / 계단에서 넘어지다

→ ______________________________.

6) 밤에 덥다 / 창문을 열고 자다 / 감기에 걸리다

→ ______________________________.

2. 보기 와 같이 대화를 완성하십시오.

> 보기
>
> 가: 왜 지각했어요?
>
> 나: 버스 안에서 졸다가 학교 앞에서 못 내리고 몇 정류장을 더 갔어요.

1) 가: 치과에 갔다 왔다면서요? 왜 갔어요?

나: ______________________________ 이가 부러졌어요.

2) 가: 승훈 씨, 핸드폰 화면이 왜 깨졌어요?

나: ______________________________ 핸드폰을 떨어뜨렸어요.

3) 가: 소화제 있어요?

나: 여기 있어요. 소화가 잘 안 돼요?

가: 네, 밥 먹을 시간이 부족해서 ______________________________ 체한 것 같아요.

4) 가: 공책이 왜 찢어졌어요?

나: ______________________________.

5) 가: 왜 다리에 깁스를 했어요? 무슨 일 있었어요?

나: ______________________________.

6) 가: 다리에 멍이 들었네요. 어디에 부딪쳤어요?

나: ______________________________.

-지 그랬어요

1. 알맞은 표현을 골라 대화를 완성하십시오.

조심하다	커피를 좀 적게 마시다	미리 예방 주사를 맞다
미리 예매하다	아침을 챙겨 먹다	선크림을 많이 바르다

1) 가: 농구를 하다가 손가락을 다쳤어요.

나: **조심하지 그랬어요.**

2) 가: 어젯밤에 잠을 설쳐서 그런지 눈이 빨개졌어요.

나: ______________________________.

3) 가: 독감에 걸려서 머리도 아프고 열이 나요.

나: ______________________________.

4) 가: 바닷가에서 햇볕을 많이 쬐서 피부가 까맣게 탔어요.

나: ______________________________.

5) 가: 영화관에 갔는데 표가 매진돼서 영화를 못 봤어요.

나: ______________________________.

6) 가: 아침을 안 먹어서 그런지 위가 아파요.

나: ______________________________.

2. 보기 와 같이 대화를 완성하십시오.

보기

가: 뜨거운 커피를 급하게 마시다가 입을 데었어요.

나: 천천히 마시지 그랬어요.

1) 가: 어제 만들어 놓은 음식이 다 상했어요.

나: ______________________.

2) 가: 말하기 시험 점수가 너무 낮게 나왔어요.

나: ______________________.

3) 가: 도서관에서 공부하려고 했는데 학생증을 안 가져가서 못 들어갔어요.

나: ______________________.

4) 가: 토픽 시험을 보러 갔는데 지각해서 시험장에 못 들어갔어요.

나: ______________________.

5) 가: 횡단보도에서 뛰다가 다른 사람과 부딪쳤어요.

나: ______________________.

6) 가: 쓰레기를 길에 버리다가 경찰에게 걸려서 벌금을 냈어요.

나: ______________________.

-(으)ㄹ수록

1. 관계있는 것을 연결하고 문장을 완성하십시오.

1) 한국어를 자주 사용하다 •	• 피로가 잘 풀리다
2) 숙면을 취하다 •	• 고향이 그립다
3) 시간이 지나다 •	• 실력이 빨리 늘 것이다
4) 운동을 하다 •	• 식사를 잘 챙겨야 하다
5) 바쁘다 •	• 건강이 좋아지다

1) 한국어를 자주 사용할수록 실력이 빨리 늘 거예요.

2) ____________________.

3) ____________________.

4) ____________________.

5) ____________________.

2. 보기 와 같이 대화를 완성하십시오.

> 보기
>
> 가: 카드 게임을 자주 하네요. 재미있어요?
>
> 나: 네, 이 카드 게임은 할수록 재미있어요.

1) 가: 파티에 사람들을 많이 초대했네요.

나: ____________________ 재미있으니까요.

2) 가: 전 춤을 잘 못 췄는데 꾸준히 연습하니까 점점 잘 추게 되는 것 같아요.

나: 맞아요. ____________________.

3) 가: 지난번에 소개팅에서 만난 남자를 계속 만난다면서요? 그 남자 어때요?

나: ____________________.

4) 가: 취미가 낚시지요?

나: 네, 낚시는 ____________________.

5) 가: 노트북이 너무 비싸네요.

나: 기능이 많아서 그래요. ____________________.

6) 가: 요즘 좋은 노래가 있으면 추천해 주세요.

나: '여보세요'라는 노래를 들어 보세요. ____________________.

-(으)ㄹ 뿐만 아니라

1. 보기 와 같이 대화를 완성하십시오.

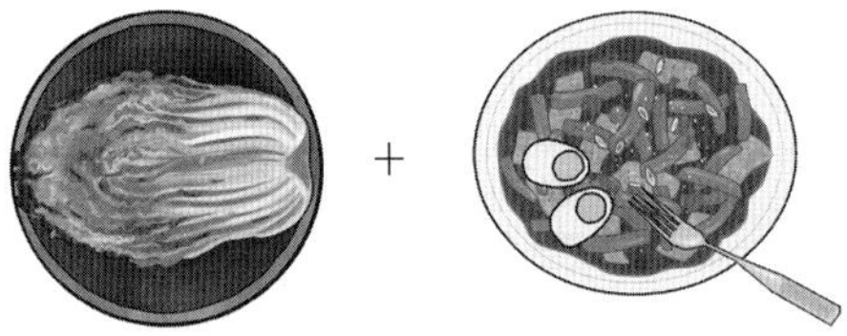

보기 가: 한국 사람처럼 매운 김치를 잘 먹네요.

나: **저는 김치뿐만 아니라 떡볶이도 잘 먹어요.**

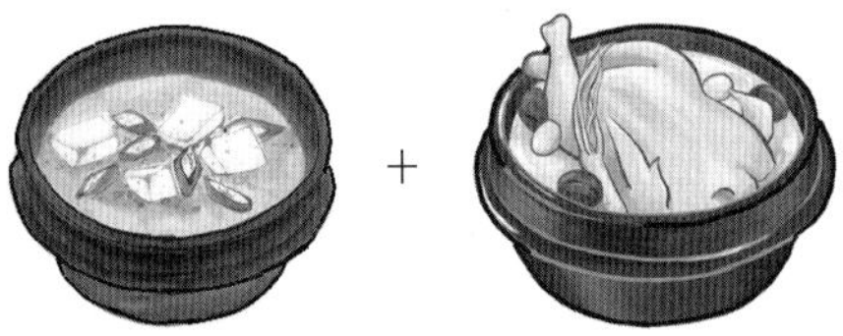

1) 가: 바트 씨가 된장찌개를 잘 만들더라고요.

나: ______________________________.

2) 가: 승훈 씨는 강아지를 정말 좋아하나 봐요.

나: ______________________________.

3) 가: 투이 씨, 파마했네요.

나: ______________________________.

4) 가: 제프리 씨는 한국 문화에 관심이 많은 것 같아요.

나: ______________________________.

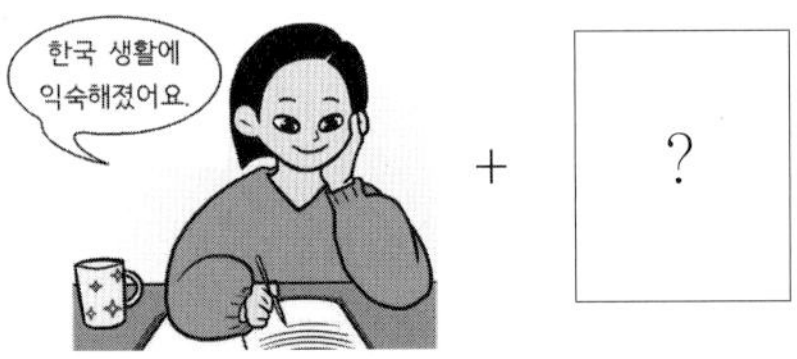

5) 가: 한국어만 할 수 있어요?

나: ______________________________.

2. 보기 와 같이 대화를 완성하십시오.

보기

가: 지금 비가 와요? (비가 오다 + 바람도 강하게 불다)

나: 네, 비가 올 뿐만 아니라 바람도 강하게 불어요.

1) 가: 지훈 씨는 농구를 정말 좋아하더라고요. (좋아하다 + 잘하다)

나: ______________________________.

2) 가: 미나 씨 남자 친구가 정말 멋있네요. (멋있다 + 성격도 진짜 좋다)

나: ______________________________.

3) 가: 스트레칭을 하면 자세를 고칠 수 있지요? (자세를 고칠 수 있다 + 혈액 순환에도 좋다)

나: ______________________________.

4) 가: 건강을 위해서 하는 게 있어요? (규칙적으로 운동을 하다 + ______________)

나: ______________________________.

5) 가: 새로 이사한 집은 교통편이 좋아요?

나: ______________________________.

6) 가: 생일에 맛있는 거 많이 먹었어요?

나: ______________________________.

듣기 어휘·표현

1. 알맞은 어휘를 골라 대화를 완성하십시오.

되묻다	끼다	심해지다	줄이다	생기다

간토야 소음 난청은 처음에는 별다른 증상이 없어서 잘 모르지만, 시간이 갈수록 증상이 조금씩 1)____________ ㄴ다고/는다고 해.

알렉세이 그래? 그럼 소음 난청이 생긴 건 어떻게 알 수 있어?

간토야 평소에 대화할 때 상대방 말이 잘 안 들려서 자꾸 2)____________(으)ㄴ 적이 있는지 생각해 봐.

알렉세이 음, 네 얘기를 들으니까 좀 그런 것 같기도 하다. 집에서 TV 볼 때 가족들이 소리를 3)____________(으)라는 말을 자주 했어.

간토야 그것 봐. 벌써 귀에 문제가 4)____________았을지도/었을지도 몰라.

알렉세이 그럼 어떡해? 이어폰을 5)____________(으)면 안 된다는 거야?

간토야 이어폰을 너무 오래 끼지 말고 소리를 좀 작게 해서 들어. 그리고 혹시 모르니까 병원 가서 검사 한번 받아 보는 게 어때?

2. 알맞은 어휘를 골라 글을 완성하십시오.

소리	증상	주변	이어폰

소음 난청은 작은 소리를 잘 못 듣는 1)__________이다. 요즘 많은 사람들이 2)__________을/를 끼고 음악을 듣거나 동영상을 보는데, 대중교통을 이용할 때나 3)__________이/가 시끄러울 때 자연스럽게 4)__________을/를 높이게 된다. 이렇게 큰 소리로 계속 음악을 들으면 소음 난청이 생길 수 있다.

읽기 어휘·표현

1. 알맞은 어휘를 골라 글을 완성하십시오.

복통	어패류	기본적	세균	기적

어떻게 해야 식중독을 예방할 수 있을까? 가장 쉽고 필수적인 세 가지 방법은 '끓여 먹기, 익혀 먹기, 손 씻기'이다. 먼저 물은 끓여서 마시는 것이 가장 안전하다. 그리고 고기나 1)______________은/는 속까지 다 익혀서 먹어야 한다. 덜 익힌 음식에는 2)______________이/가 남아 있어서 설사, 3)______________등의 증상을 일으킬 수 있다. 마지막으로 손 씻기는 건강을 지켜 주는 가장 4)______________인 방법이다. 30초 동안 손을 깨끗하게 씻으면 우리 손안에 있는 약 6만 마리 이상의 세균을 없앨 수 있을 뿐만 아니라 많은 질병을 예방할 수 있다. 그래서 손 씻는 것을 '30초의 5)______________'(이)라고 말한다.

2. 알맞은 어휘를 골라 문장을 완성하십시오.

소홀하다	발생하다	상하다	조리되다	자라다

1) 날씨가 시원해지면 식중독에 잘 걸리지 않는다고 생각하여 음식물 관리에 ____________게 된다.
2) 봄과 가을에도 낮 기온이 높은 날이 많아서 식중독 세균이 잘 ____________(으)ㄹ 수 있다.
3) 도시락이나 김밥 등 ____________아/어 나온 식품은 구매 후 네 시간 안에 먹어야 한다.
4) 여름은 높은 온도와 습도 때문에 음식물이 잘 ____________아서/어서 식중독의 위험이 높은 계절이다.
5) 식중독은 여름뿐만 아니라 모든 계절에 ______________(으)ㄹ 수 있기 때문에 사계절 내내 위생에 신경 써야 한다.

종합 문제 (01~08과)

어휘·표현

※ [1-5] 빈칸에 알맞은 어휘를 고르십시오.

01

동아리 가입 신청서를 __________(으)ㄹ 때는 이름과 연락처를 꼭 써 주십시오.

① 다짐하다 ② 작성하다 ③ 설명하다 ④ 참여하다

02

손을 자주 씻는 것만으로도 여러 가지 질병을 __________(으)ㄹ 수 있다.

① 생기다 ② 걸리다 ③ 예방하다 ④ 발생하다

03

그 식당에는 다른 식당에서 볼 수 없는 ______(으)ㄴ 음식들이 많다.

① 독특하다 ② 소홀하다 ③ 익숙하다 ④ 어색하다

04

이번에 이사하면서 오래 사용한 침대를 새것으로 ________았다/었다.

① 보관하다 ② 등록하다 ③ 교체하다 ④ 실천하다

05

내일 볼 공연은 인기가 많은 공연이라서 한 달 전에 _____ 표를 예매했다.

① 훨씬 ② 당장 ③ 미리 ④ 아직

※ [6-12] 빈칸에 들어갈 수 없는 것을 고르십시오.

06 한국에서는 여름이 되면 ________이/가 시작된다.

① 장마 ② 폭염 ③ 한파 ④ 무더위

07 다음 달에 이사해야 해서 학교 근처에 있는 집을 ________ 있다.

① 찾고 ② 구하고 ③ 통학하고 ④ 알아보고

08 노트북이 __________ 서비스 센터에 맡겼다.

① 안 돼서 ② 해결돼서 ③ 이상해서 ④ 고장이 나서

09 어머니가 다리가 아파서 ____________ 괜찮으신지 걱정이 된다.

① 입원하셨는데 ② 수술을 받으셨는데
③ 야근하셨는데 ④ 검사를 받으셨는데

10 어제 시험이 끝났으니까 오늘부터는 좀 __________ 것 같다.

① 적당할 ② 한가할 ③ 여유로울 ④ 시간이 날

11 가: 엄마, 저는 김치 먹기 싫어요. 고기만 먹을래요.
나: 그러면 안 돼. ________ 먹어야 튼튼해질 수 있지.

① 다 ② 따로 ③ 골고루 ④ 다양하게

12 가: 네, '국민 캠핑장'입니다. 뭘 도와 드릴까요?
나: ________ 전화했는데요.

① 예약하고 싶어서 ② 안내하고 싶어서
③ 문의할 것이 있어서 ④ 궁금한 점이 있어서

※ [13–17] 빈칸에 공통으로 들어갈 수 있는 어휘를 쓰십시오.

13 (   )

- 독감에 ______아서/어서 5일 동안 학교에 못 갔어요.
- 수리하는 데 시간이 얼마나 ______아요/어요?

14 (   )

- 대학교에 입학하면 어떤 동아리에 ______고 싶어요?
- 설악산에 갔다 왔는데 단풍이 ______아서/어서 경치가 정말 아름답더라고요.

15 (   )

- 자세가 나쁘네요. 허리를 펴고 ______게 앉으세요.
- 친구가 칼에 손을 베여서 연고를 ______고 밴드를 붙여 주었어요.

16 (   )

- 밤새 눈이 내려서 밖에 눈이 많이 ___았어요/었어요.
- 가: 마키 씨는 스트레스가 ______(으)면 어떻게 해요?
  나: 노래방에 가서 크게 노래를 불러요. 그렇게 하면 스트레스가 좀 풀려요.

17 (   )

- 안개가 ______아서/어서 앞이 잘 안 보이니까 천천히 운전하세요.
- 가: 어떤 사람이 윤아 씨 남자 친구예요?
  나: 저기 까만색 모자를 쓰고 안경을 ______(으)ㄴ 사람이에요.

문법

※ [18–22] 빈칸에 알맞은 표현을 고르십시오.

18

가: 제프리 씨, 좀 괜찮아졌어요?
나: 약을 ____________ 낫지 않네요. 병원에 가야 할 것 같아요.

① 먹고서 ② 먹던데 ③ 먹었는데도 ④ 먹어 가지고

19

가: 요즘 춤을 배우고 있는데 잘 추기가 어렵네요.
나: 계속 ____________ 잘하게 될 거예요.

① 연습했더니 ② 연습하다가
③ 연습하다 보면 ④ 연습하자마자

20 (   )

가: 도서관에서 공부하려고 하는데 자리가 있을까요?
나: 시험 기간이라서 아마 자리가 ____________.

① 없잖아요 ② 없을걸요 ③ 없어야지요 ④ 없을까 해요

21 (   )

가: 어제 급한 일이 생겨서 모임에 못 갔어요.
나: 친구들이 투이 씨를 보고 싶어 했는데 __________.

① 오더라고요 ② 올 만해요 ③ 오곤 해요 ④ 오지 그랬어요

22 (   )

가: 엄마, 친구 생일 선물을 ________ 용돈 좀 주세요.
나: 그래? 얼마가 필요하니?

① 사게 ② 사던데 ③ 사다가 ④ 사는데도

※ [23-24] 알맞은 문법을 골라 문장을 완성하십시오. 문법은 한 번만 사용하십시오.

23

-(으)며	-고서	뿐만 아니라	에 의하면

매운 음식을 1)__________(먹다) 위가 아픈 적이 있었습니까? 의사들의 2)__________(설명) 맵거나 자극적인 음식을 자주 먹는 사람에게 위염 증상이 나타나기 쉽다고 합니다. 또한 이런 잘못된 3)__________(식습관) 스트레스도 위염의 원인 중 하나라고 합니다. 따라서 위염을 예방하려면 올바른 식습관을 갖고 적당한 휴식을 4)__________(취하다) 기분 전환이 되는 활동을 해서 스트레스를 푸는 것이 좋습니다.

24

-(으)ㄹ까 하다	-는 대신에	(이)라서	-아/어 가지고

간토야 저, 여기 등록하려고 하는데요.

직원 네, 어서 오세요. 헬스는 해 보신 적 있으세요?

간토야 아니요. 다른 운동은 많이 해 봤는데 헬스는 1)__________(처음) 궁금한 것이 많아요.

직원 네, 그럼 먼저 시설을 둘러보시겠어요?

간토야 시설이 참 깨끗하고 좋네요. 그런데 혹시 운동 기구를 사용할 줄 모르면 가르쳐 주시나요?

직원 그럼요. 첫날 오시면 전체적으로 설명해 드리니까 걱정하지 마세요.

간토야 친구하고 같이 2)__________(등록하다) 는데 같이 등록하면 할인이 되나요?

직원 할인을 3)__________(해 드리다) 운동복을 선물로 드리고 있습니다. 오늘 등록하시겠어요?

간토야 아니요. 친구가 4)__________(바쁘다) 오늘은 저만 왔거든요. 내일 같이 와서 등록할게요.

직원 네, 혹시 문의 사항이 더 있으시면 언제든지 연락 주세요.

25 그림을 보고 문장을 완성하십시오.

보기

쥐가 고양이에게 쫓겨요.

1) 아기가 __________ __________ 았어요/었어요.

2) 도둑이 __________ __________ 았어요/었어요.

3) 남자가 __________ __________ 았어요/었어요.

26 그림을 보고 문장을 완성하십시오.

보기 책상 위에 컴퓨터가 놓여 있다.

1) 신문이 ______________________

2) 모자가 ______________________

3) 꽃병이 ______________________

4) 빨래가 ______________________

5) 고양이가 ______________________

6) 가수의 사진이 ______________________

※ [27-34] 알맞은 문법을 골라 문장을 완성하십시오. 문법은 한 번만 사용하십시오.

-든지 -든지 하다	-아야/어야	-기 바라다
-았던/었던	-ㄴ다면서요/는다면서요?	-게만 못하다
(이)라서		

27 가: 장핑 씨가 ______________________

나: 네, 그래서 지금 병원에 있다고 해요.

28 가: 학교 도서관은 누구든지 자유롭게 이용할 수 있어요?

나: 아니요. 학생증이 ____________ 이용할 수 있어요.

29 가: 언니, 시끄러워 공부를 못 하겠어. ____________ TV 소리 좀 줄여 줘.

나: 미안. 소리를 좀 줄일게.

30 가: 길이 왜 이렇게 막히지요?

나: 아마 ________________ 그럴 거예요.

31 가: 한국에서 여행 많이 해 봤지? 어디가 제일 좋았어?

나: ________________ 곳 중에서 제주도가 제일 좋았어. 다시 한번 가 보고 싶어.

32 가: 발표 준비를 해야 하는데 어디에서 정보를 찾아야 할지 모르겠어.

나: 그럼 ______________________.

33 가: 형도 운동을 잘하는데 너도 운동을 잘하는구나.

나: 아니에요. 저는 ________________. 형이 훨씬 더 잘하지요.

34 내일은 하루 종일 많은 비가 내리겠습니다.

우산을 ______________________.

35 보기와 같이 대화를 완성하십시오.

보기

가: 문화 체험으로 어디에 가고 싶어요?

나: 바다에 가 보고 싶어요.

한국에 온 지 6개월이 됐는데도 아직 못 가 봤어요.

(한국에 오다 / 6개월이 되다 / 아직 / 못 가 보다)

1)

가: ______________________________

______________________________?

(이 배우 / 하고 싶다 / 저 / 어울리다)

나: 손님은 얼굴이 작은 편이니까 잘 어울리실 거예요.

2)

가: 예전 집이 좋았는데 왜 이사했어요?

나: ______________________________

______________________________.

(월세가 비싸다 / 이사하다 / 생활하다 / 불편하다)

3)

가: 어떻게 오셨습니까?

나: ______________________________

______________________________.

(전화 / 자주 / 끊다 / 상대방 목소리 / 안 들다)

4)

가: 친구와 갈 만한 곳 좀 추천해 주세요.

나: ______________________________

______________________________.

(통인 시장에 가다 / 괜찮다 / 한번 / 가 보다)

5)

가: ______________________________

____

(과제 / 컴퓨터를 오래 하다 / 목하고 허리 / 아프다)

나: 스트레칭을 하면 좀 괜찮아질 거야.

6)

가: 미세 먼지가 심해서 그런지 목이 많이 아파.

나: ______________________

______________________.

(목이 아프다 / 따뜻한 물을 마시다 / 마스크를 쓰다)

7)

가: 장설 씨, 다리가 왜 그래요?

나: ______________________

______________________.

(수업에 늦다 / 서두르다 / 빙판길 / 미끄러지다)

36 문장에서 틀린 부분을 맞게 고쳐 쓰십시오.

> 보기
> 제프리 씨는 학교에서 집까지 멀는데도 걸어서 다녀요.
> → 먼데도

1) 중학교 때 친구들을 만나면 이 가게에서 떡볶이를 먹었곤 해요.

→ ______________________

2) 밤새도록 게임을 했더니 눈이 아플 거예요.

→ ______________________

3) 아침에 늦잠을 자서 학교에 지각하게 택시를 타고 왔어요.

→ ______________________

4) 날씨가 덥고서 아이스크림을 많이 먹었더니 배탈이 났어요.

→ ______________________

5) 카오루는 소파에 앉아서 책을 읽고 있고 바트는 게임하면서 침대에 눕고 있어요.

→ ______________________

09과 학교생활 2

어휘·표현

1. 알맞은 어휘를 골라 문장을 완성하십시오.

전공	광고홍보학	경제학	예체능	식품영양학

1) 보통 대학교 1학년 때는 ______________ 수업보다 교양 수업을 더 많이 들어요.

2) 우리 부모님은 나에게 음악, 미술, 체육 같은 ______________ 교육을 많이 시키셨다.

3) 저는 광고를 만들거나 회사를 홍보하는 일을 하고 싶어서 ______________을/를 전공하기로 했어요.

4) 우리 형은 대학에서 ______________과를 졸업하고 연구소에서 한국 경제를 분석하는 일을 한다.

5) 언니는 ______________을/를 전공하는 4학년 학생인데, 요즘 건강한 식습관에 대한 논문을 쓰고 있다.

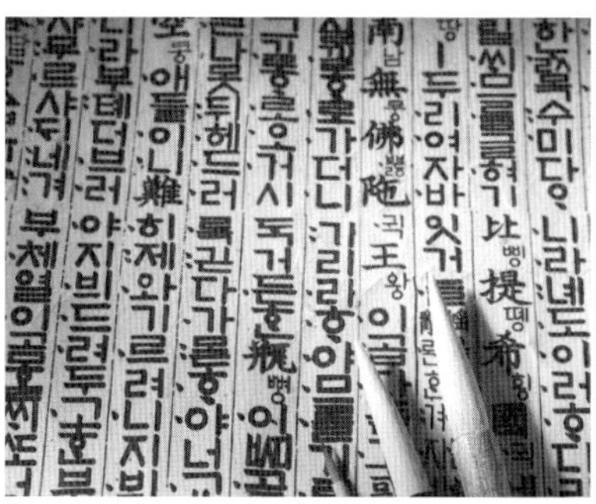

2. 알맞은 어휘를 골라 쓰십시오.

입학 안내서	자기소개서	제출	면접시험

- 1) ____________ 확인
- 입학 서류 준비
- 2) ____________와/과 학업 계획서 작성
- 인터넷 접수
- 서류 3) ________
- 4) ____________

3. 알맞은 어휘를 골라 문장과 대화를 완성하십시오.

강의실	수강	교재	성적	과제

1) 듣고 싶은 수업이 있어도 ____________ 신청을 하지 못하면 그 수업을 듣지 못해요.

2) 가: 오늘 강의 첫날인데 왜 늦었어?

나: ____________이/가 어디에 있는지 몰라서 찾아다녔어.

3) 가: 한국어능력시험을 준비하려고 하는데 혹시 추천할 만한 책이 있어?

나: 서점에 한번 가 보는 게 어때? 요즘에는 정말 다양한 ____________이/가 많이 나오더라.

4) 가: ____________은/는 다 했어?

나: 아니, 아직 반도 못 했어. 내일까지 내야 하는데 어떡하지?

5) 가: ____________을/를 잘 받으려면 어떻게 해야 해요?

나: 이 수업에서는 출석, 발표, 토론, 시험 점수를 모두 신경 써야 해요. 열심히 하면 좋은 결과를 얻을 수 있을 거예요.

-도록 하다

1. 알맞은 표현을 골라 문장을 완성하십시오.

만들다	질문하다	늦지 말다	챙겨 먹다	술을 드시지 말다

 선생님	1) 발표문을 먼저 쓴 다음에 PPT 파일을 **만들도록 하세요.** 2) 모르는 내용이 있을 때는 꼭 ______________. 3) 내일 시험은 9시에 시작하니까 ______________.
 의사	4) 이 약은 꼭 하루에 세 번 ______________. 5) 치료를 하는 동안에는 ______________.

2. 보기 와 같이 대화를 완성하십시오.

> 보기
>
> **부장** 언제까지 서류를 완성할 수 있습니까?
>
> **직원** **내일 오전까지 드리도록 하겠습니다.**

1) **부장** 빨리 끝내야 하는 일이 있는데 좀 도와줄 수 있습니까?

직원 네, ______________________________.

2) **간호사** 환자분, 다음에 병원에 오실 때 제출 서류를 가지고 오시기 바랍니다.

환자 네, ______________________________.

3) **선배** 교수님께 같이 인사드리기로 했으니까 늦지 말고 1시까지 학교로 와.

후배 네, ______________________________.

4) **교수** 내일 상담이 있으니까 사무실로 오세요.

학생 ______________________________.

5) **선생님** 동아리 활동에 대한 안내문을 읽어 보고 관심이 있으면 사무실에 신청하세요.

학생 네, ______________________________.

6) **선생님** 이번 연휴에 고향에 다녀오는 학생들은 저에게 미리 말해 주세요.

학생 네, ______________________________.

에 따라

1. 알맞은 어휘를 골라 문장을 완성하십시오.

나이	장소	날씨	사람	식당	한국어 실력

1) **가:** 요즘에는 어떤 여가 활동이 인기가 많아요?

나: **나이에 따라 달라요.** 젊은 사람들은 독특한 활동을 좋아하는 것 같아요.

2) **가:** 서울은 주말에 다 사람이 많고 복잡해요?

나: ______________________. 사람이 별로 없는 곳도 많아요.

3) **가:** 한강 공원에 있는 캠핑장은 언제든지 이용할 수 있어요?

나: ______________________. 폭우나 폭설이 오면 문을 닫을 때도 있어요.

4) **가:** 요즘 젊은 사람들은 다 게임을 좋아하는 것 같아요.

나: ______________________. 안 좋아하는 사람도 꽤 많을걸요.

5) **가:** 한국에 있는 식당은 반찬이 항상 무료예요?

나: ______________________. 보통은 무료이지만 더 주문할 때 돈을 내야 하는 곳도 있어요.

6) **가:** 국민대학교 한국어교육센터에 다니고 싶은데 꼭 1급부터 배워야 해요?

나: ______________________. 시험을 보고 나서 몇 급부터 배울지 정해요.

2. 보기 와 같이 대화를 완성하십시오.

> 보기
> 가: 이 건물은 정수기가 층마다 다 있어요? (층)
>
> 나: 층에 따라 달라요. 정수기가 있는 곳도 있고 없는 곳도 있어요.

1) 가: 투이 씨는 같은 반 친구들하고 다 반말로 이야기해요? (친구)

나: ______________________________.

2) 가: 이 식당에는 사람이 정말 많네요. 항상 이렇게 사람이 많아요? (시간)

나: ______________________________.

3) 가: 비행기 표 가격이 왜 이렇게 다른 거예요? (좌석)

나: ______________________________.

4) 가: 영화표 가격이 왜 이렇게 다른 거예요? (요일)

나: ______________________________.

5) 가: 택시 요금을 계산할 때 현금으로 내요, 카드로 내요? (요금)

나: ______________________________.

-아/어 놓다

1. 알맞은 어휘를 골라 대화를 완성하십시오.

만들다	올리다	챙기다	계산하다	하다	메모하다

1) 가: 엄마, 배고파요. 먹을 거 없어요?

나: 냉장고에 간식을 만들어 놓았어. 꺼내서 먹어.

2) 가: 엄마, 나가서 놀아도 돼요?

나: 먼저 숙제부터 ______________________________고 나가서 놀아.

3) 가: 윤아야, 내일 학교에 가지고 갈 준비물 다 챙겼어?

나: 네, 엄마. 미리 다 ____________________앉어요/었어요.

4) 가: 오늘 정말 맛있었어요. 모두 얼마지요? 나눠서 계산해요.

나: 아니에요. 마키 씨가 화장실 다녀오는 동안 제가 ____________________았어요/었어요.

오늘은 제가 살게요. 다음에 마키 씨가 사요.

5) 가: 바트, 내 워크북 못 봤어? 아까 책상 위에 있었는데 안 보이네.

나: 아까 선생님이 숙제를 내라고 해서 선생님 책상에 ____________________았어/었어.

6) 가: 선생님, 내일 수료식 장소가 어디라고 하셨지요?

나: 콘서트홀이에요. 잊어버리지 않게 ____________________(으)세요.

2. 보기 와 같이 대화를 완성하십시오.

보기

마키 내일 간토야 생일이잖아. 우리 같이 생일 파티를 준비하자.

바트 그럼 나는 파티 장소를 예약해 놓을게.

1) 이리나 ____________________.

2) 제프리 ____________________.

3) 투이 ____________________.

4) 카오루 ____________________.

5) 마키 ____________________.

-ㄴ다면/는다면

1. 알맞은 어휘를 골라 문장을 완성하십시오.

사용할 수 없다	먹다	없다	살다	입학하다	돌아가다

1) 핸드폰을 사용할 수 없다면 하루도 살 수 없을 거예요.

2) 옛날로 ______________ 한글을 만드신 세종 대왕을 만나 보고 싶어요.

3) 다음 주에 수업이 ______________ 동해로 여행을 가고 싶어요.

4) 한 달 동안 햄버거만 ______________ 건강이 나빠질 거예요.

5) 만약 기숙사 방에서 다섯 명이 같이 ______________ 정말 불편할 것 같아요.

6) 내년 3월에 대학교에 ______________ 부모님께서 정말 기뻐하실 것 같아요.

2. 보기 와 같이 문장을 완성하십시오.

보기

다시 태어나다 / 남자로 태어나다→ 다시 태어난다면 남자로 태어나고 싶어요.

1) 만약 2주일 동안 쉴 수 있다 / ______________

→ ______________.

2) 남자/여자 친구가 있다 / 같이 ______________

→ ______________.

3) 갑자기 많은 돈이 생기다 / ______________

→ ______________.

4) 원룸에서 혼자 살게 되다 / ______________

→ ______________.

5) 만약 3일밖에 못 살다 / ______________

→ ______________.

6) 결혼해서 신혼여행을 가다 / ______________

→ ______________.

듣기 어휘·표현

1. 알맞은 어휘를 골라 대화를 완성하십시오.

가장	먼저	마지막	다음	한번

진행자 우선 간단히 동아리 소개를 부탁드립니다. 1)__________ 태권도 동아리 회장님부터 말씀해 주세요.

태권도 동아리 회장 안녕하세요. 태권도 동아리에서 회장을 맡고 있는 체육교육학과 한서준입니다. 저희는 태권도를 좋아하는 사람들이 모여서 같이 운동하고 친목을 다지는 동아리입니다. 가족 같은 선후배 관계가 2)__________ 큰 장점이라고 할 수 있습니다. 태권도를 배운 적이 없는 사람도 기초부터 배울 수 있으니까 많이 들어오세요!

진행자 네, 잘 들었습니다. 그럼 3)__________은/는 차 동아리 회장님, 소개 부탁드립니다.

차 동아리 회장 안녕하세요. 저는 차 동아리 회장 국어국문학과 이주아입니다. 저희 동아리는 국민대학교 후문에 있는 명원민속관에 있습니다. 명원민속관에 모여 일주일에 한 번씩 전통 다례를 연습합니다. 4월에 차를 마셔 보는 시음 행사가 있으니까 그때 4)__________ 들러 주세요. 따뜻한 차와 과자를 준비해 놓겠습니다.

진행자 네, 차 동아리 회장님, 자세한 설명 감사드립니다. 그럼 5)__________(으)로 춤 동아리 회장님, 소개해 주세요.

2. 알맞은 어휘를 골라 문장을 완성하십시오.

친목	관심	기초	전통	실력

1) 우리 아이는 운동은 잘하는데 공부에는 ________________이/가 전혀 없어서 걱정이 된다.

2) 우리는 학교를 졸업하고 나서 한 달에 한 번씩 만나서 ________________을/를 다지고 있다.

3) 한국에 처음 왔을 때는 한국어 ________________이/가 부족해서 생활하기가 정말 힘들었다.

4) 1급에서는 중요한 한국어의 ________________문법과 단어들을 배운다.

5) 가: 지난주에 사물놀이 공연을 봤는데 정말 신나고 멋있더라고요. 혹시 본 적 있어요?

나: 네, 저도 본 적 있어요. 보기 전에는 ________________문화 공연이라서 재미없을 줄 알았는데 봤더니 정말 재미있더라고요.

읽기 어휘·표현

1. 알맞은 어휘를 골라 글을 완성하십시오.

모국어	인턴	만약	경험	광고

제가 1)________________ '광고홍보학' 전공으로 대학교에 입학을 하게 된다면 우선 전공 공부를 열심히 하겠습니다. 전공 공부를 잘하기 위해서는 한국어 실력을 더 쌓아야 합니다. 지금은 중급 정도의 실력이지만 1학년을 마치기 전에 한국어능력시험 5급을 받을 수 있게 노력하겠습니다. 그리고 대학에서는 전공 책을 많이 읽어야 한다고 들었습니다. 전공에 대한 내용을 더 잘 이해하기 위해서 한국어뿐만 아니라 2)______________(으)로 된 전공 책도 많이 읽어 보겠습니다.

그리고 저는 전공 공부를 잘하는 것뿐만 아니라 사회 3)________________을/를 쌓는 것도 중요하다고 생각합니다. 그래서 사회 경험을 많이 해 보려고 합니다. 예를 들어 4)________________을/를 만들어서 광고 공모전에 참가해 보거나 광고 회사에서 일하는 경험을 해 볼 수 있게 학생 5)________ 프로그램에도 지원해 보겠습니다.

마지막으로 저는 한국에 대해 좀 더 알고 싶습니다. 한국의 문화를 더 배울 수 있는 전통문화 동아리에 들거나 한국 곳곳을 여행하면서 많은 것을 체험해 보려고 합니다.

2. 알맞은 어휘를 골라 문장을 완성하십시오.

마치다	이해하다	쌓다	지원하다	성장하다

1) 나는 책을 읽을 때 작가가 무엇을 말하고 싶어 하는지를 ________________(으)려고 노력한다.

2) 나는 여러 가지 경험을 ________________기 위해서 여행도 많이 하고 아르바이트도 할 계획이다.

3) 신랑과 신부는 결혼식을 ________________고 기쁜 마음으로 신혼여행을 떠났다.

4) **가:** 부모가 되고 나서 언제 가장 행복하다고 느끼세요?

나: 아이들이 아프지 않고 건강하게 잘 ________________는/(으)ㄴ 모습을 볼 때 제일 행복하지요.

5) **가:** 이번에 우리 회사에 들어오려고 ________________는/(으)ㄴ 사람이 100명이 넘는다고 들었어요.

나: 와, 100명요? 회사에 들어오는 사람이 점점 많아지고 있네요.

10과 외모·성격

어휘·표현

1. 그림을 보고 알맞은 어휘를 골라 쓰십시오.

입이 크다	키가 크다	인상이 좋다	단발머리이다
통통하다	코가 높다	어깨가 넓다	날씬하다

1) **코가 높다**　3) ______　5) ______　7) ______

2) ______　4) ______　6) ______　8) ______

2. 알맞은 표현을 골라 문장을 완성하십시오.

체격이 좋다	짙다	통통하다	인상이 좋다	마르다

1) 그 남자는 눈이 크고 눈썹이 ________________아서/어서 영화배우처럼 보인다.

2) 우리 아이는 밥을 잘 먹지 않아서 너무 ________________았다/었다.

3) 우리 언니는 조금 ________________아서/어서 귀여운데 자기는 뚱뚱하다고 생각한다.

4) 내 남동생은 운동을 많이 해서 ________________. 그래서 내 옆에 있으면 형처럼 보인다.

5) 우리 아빠는 잘생기지 않았지만 잘 웃으신다. 그래서 사람들은 아빠에게 ________________다고 말한다.

3. 알맞은 표현을 골라 쓰십시오.

고집이 세다	유머 감각이 있다	사교적이다	무뚝뚝하다	내성적이다

1) 별로 말이 없고 성격이 조용해요. → ________________

2) 자기가 결정한 것은 쉽게 바꾸지 않아요. → ________________

3) 처음 만나는 사람하고 금방 친구가 돼요. 그래서 친구가 많아요. → ________________

4) 하는 말이나 행동이 아주 재미있어요. 그래서 다른 사람을 즐겁게 해요. → ________________

5) 말이나 행동이 부드럽지 않고, 좋아하는 것도 잘 표현하지 않아요. → ________________

-나/(으)ㄴ가 보다

1. 알맞은 표현을 골라 문장을 완성하십시오.

저 옷이 유행이다	열심히 공부하다	산을 좋아하다
급한 일이 있다	친구들에게 인기가 많다	영화가 슬프다

1) 알렉세이는 주말마다 산에 가요. **산을 좋아하나 봐요.**

2) 요즘 저 옷을 입은 사람이 많아요. ______________________.

3) 윤아 씨가 영화를 보면서 울고 있어요. ______________________.

4) 마키는 생일 때 친구들한테서 선물을 많이 받았어요. ______________________.

5) 마키 씨가 수업이 끝나자마자 뛰어나갔어요. ______________________.

6) 지훈 씨는 매일 늦게까지 도서관에 있다가 집에 가요. ______________________.

2. 보기 와 같이 문장을 완성하십시오.

보기

저 식당에는 사람이 많네요. **음식이 맛있나 봐요.**

1) 영화관에 사람이 많네요.

______________________.

2) 간토야가 침대에서 못 일어나요.

______________________.

3) 이리나가 꽃 선물을 받았어요.

______________________.

4) 알렉세이가 서비스 센터에 갔어요.

______________________.

5) 장핑이 기침을 많이 하네요.

______________________.

3. 그림을 보고 방의 주인에 대해 추측하여 쓰십시오.

1) 벽에 춤을 추는 그림이 붙어 있어요. 춤을 좋아하나 봐요.

2) ______________________.

3) ______________________.

4) ______________________.

-게 하다

1. 보기 와 같이 문장을 바꿔 쓰십시오.

> 보기
>
> 엄마가 아침을 꼭 먹어야 한다고 하셔서 매일 아침을 먹었어요.
>
> → 엄마가 **아침을 꼭 먹게 하셨어요.**

1) 엄마가 밤 10시 전에는 자야 한다고 하셔서 매일 일찍 잤어요.

→ 엄마가 ____________________.

2) 엄마가 건강을 위해 운동을 해야 한다고 하셔서 매일 운동을 했어요.

→ 엄마가 ____________________.

3) 선생님께서 매일 30분씩 책을 읽어야 한다고 하셔서 책을 읽었어요.

→ 선생님께서 ____________________.

4) 선생님께서 수업 후에 청소를 해야 한다고 하셔서 청소를 했어요.

→ 선생님께서 ____________________.

2. 보기 와 같이 대화를 완성하십시오.

> 보기
>
> 가: 남자 친구의 가장 좋은 점은 뭐예요?
>
> 나: 유머 감각이 있어서 나를 항상 **웃게 해요.**

1) 가: 아이가 몸이 약해서 걱정이에요. 어떻게 하면 좋을까요?

나: 밖에서 운동을 많이 ____________________(으)세요.

2) 가: 아이 눈이 나빠졌어요. 어떻게 하면 좋을까요?

나: 텔레비전이나 책을 멀리서 ____________________(으)세요.

3) 가: 엄마, 시험 준비 때문에 오늘은 방 청소를 못 할 것 같아요.

나: 응, 알았다. 그럼 오늘은 동생에게 ____________________(으)ㄹ게.

4) 가: 사장님, 다음 출장은 누구를 보낼까요?

나: 김민우 씨가 성실하니까 김민우 씨에게 출장을 ________________________(으)세요.

5) 가: 커피를 들고 버스를 타도 돼요?

나: 아니요, 운전기사가 ______________________________(으)니까 다 마시고 타세요.

6) 가: 어렸을 때 컴퓨터 게임을 많이 했어요?

나: 아니요, 엄마가 컴퓨터 게임을 ________________________아서/어서 많이 못 했어요.

-느라고

1. 보기 와 같이 문장을 완성하십시오.

> 보기
> 지난 주말에 일하다 – 주말에 못 쉬다
>
> → 지난 주말에 일하느라고 쉬지 못했어요.

1) 친구가 와서 공항에 가다 – 학교에 못 오다

→ ____.

2) 친구하고 큰 소리로 이야기하다 – 전화벨 소리를 못 듣다

→ ____.

3) 점심 때 급한 일을 하다 – ____

→ ____.

4) 어제 시험공부를 하다 – ____

→ ____.

5) 어제 좋아하는 드라마를 보다 – ____

→ ____.

6) 어제 발표 준비를 하다 – ____

→ ____.

2. 보기 와 같이 대화를 완성하십시오.

보기 가: 장핑 씨가 내일 모임에 올까요?

나: 아마 못 올 거예요. 요즘 대학교 입학을 준비하느라고
아주 바쁘거든요.

1) 가: 진희 씨는 주말에만 운동하러 오시네요.

나: 네, 평일에는 ______________________ 시간이 없거든요.

2) 가: 은지 씨가 요즘 왜 그렇게 바빠요?

나: 남자 친구를 사귀어서 ______________________ 바빠요.

3) 가: 알렉세이 씨, 오늘 좀 피곤해 보이네요.

나: 네, 어제 ______________________ 잠을 못 잤어요.

4) 가: 어제 제프리 씨 생일 파티를 했는데 왜 안 왔어요?

나: 어제 다리를 다쳐서 ______________________ 못 갔어요.

3. 맞는 것을 고르십시오.

1) 감기에 (걸리느라고 / 걸려서) 학교에 못 왔어요.

2) 버스에서 (넘어지느라고 / 넘어져서) 팔을 다쳤어요.

3) 어제 계속 회의를 (하느라고 / 하니까) 연락할 수 없었어요.

4) 차가 (고장 나느라고 / 고장 나서) 약속 시간에 늦었어요.

5) 어제 영화관에서 영화를 (보느라고 / 봐서) 전화를 받을 수 없었어요.

-아/어 가지고[2]

1. 그림을 보고 문장을 만드십시오.

1) 

숙제를 해 가지고 선생님께 제출했어요.

2) 

______________________________.

3) 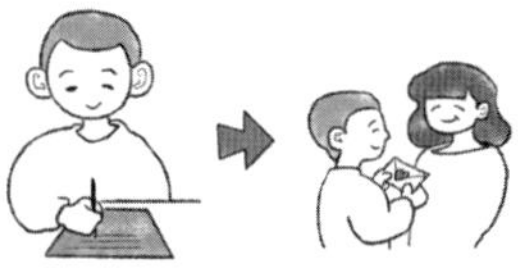

______________________________.

4) 

______________________________.

5) 

______________________________.

2. 보기 와 같이 대화를 완성하십시오.

> 보기
>
> 가: 아르바이트를 해서 돈을 모으면 무엇을 할 거예요?
>
> 나: 돈을 모아 가지고 여행을 갈 거예요.

1) 가: 한국어를 열심히 배우고 있는데, 나중에 무엇을 하고 싶어요?

나: ______________________________.

2) 가: 선생님, 수업 시간에 발표문을 다 못 썼는데 어떻게 할까요?

나: ______________________________.

3) 가: 고향에 갈 때 어떤 선물을 준비하면 좋을까요?

나: ______________________________.

4) 가: 식당에서 주문한 음식이 많이 남았는데 어떻게 하면 좋을까요?

나: ______________________________.

듣기 어휘·표현

1. 알맞은 표현을 골라 대화를 완성하십시오.

편하다	걱정이 많다	상처가 되다	신경을 쓰다

윤아 이리나, 무슨 일 있어? 걱정이 있는 거 같은데.

이리나 친구가 주말에 같이 쇼핑하러 가자고 했는데 일이 있어서 못 간다고 했어요. 친구 부탁을 거절하니까 마음이 1)____________지 않아요.

윤아 뭘 그런 걸 가지고 2)____________어/어? 시간이 있으면 같이 가고 없으면 못 가는 거지. 그 친구도 신경 안 쓸 거야.

이리나 그럴까요? 사실 제가 좀 3)____________(으)ㄴ 편이에요. 제 말이 다른 사람에게 4)____________(으)ㄹ 것 같아서 걱정을 많이 해요.

2. 알맞은 표현을 골라 문장을 완성하십시오.

다르다	소심하다	최선을 다하다	솔직하다	관심이 없다	판단하다

1) 민수 씨는 모든 일을 할 때 ____________ㄴ다/는다. 아주 성실한 사람이다.

2) 나하고 동생은 성격이 참 ____________는데도/(으)ㄴ데도 친하게 잘 지낸다.

3) 우리는 날씨 때문에 더 이상 등산을 할 수 없다고 ____________고 산을 내려왔다.

4) 나는 다른 사람의 말에 상처를 잘 받고 눈물도 많다. 성격이 좀 ____________(으)ㄴ 편이다.

5) 우리 엄마는 하고 싶은 말이 있으면 숨기지 않고 ____________게 표현한다.

6) 우리 언니는 대학생인데도 예쁜 옷이나 화장에 별로 ____________ㄴ다/는다.

읽기 어휘·표현

1. 알맞은 어휘를 골라 대화를 완성하십시오.

헤어지다	차리다	넉넉하다	털어놓다	잔소리하다

윤아 엄마, 저녁 준비하세요? 뭘 이렇게 많이 1)________________(으)셨어요?

엄마 불고기하고 잡채가 먹고 싶어서 만들었어. 2)________________게 만들었으니까 네 친구들도 와서 먹으라고 해.

윤아 엄마, 며칠 전에도 친구들을 불렀는데 또 불러요?

엄마 음식은 같이 먹어야 맛있는 거야. 빨리 전화해.

윤아 언니, 나 고민이 있어. 얼마 전에 남자 친구와 크게 싸웠는데 3)____________(으)ㄹ지 말지 고민 중이야.

언니 야, 그런 일로 헤어지면 어떡해. 네가 잘못한 거니까 빨리 사과해.

윤아 알았어. 그런데 언니, 부모님한테 절대 말하면 안 돼! 또 4)________________(으)실 거야.

언니 걱정 마. 내가 언제 네 비밀을 다른 사람한테 이야기한 적 있니?

윤아 없지. 언니는 정말 입이 무거워. 그러니까 내가 언니한테 비밀을 다 5)__________는 거잖아.

2. 알맞은 표현을 골라 문장을 완성하십시오.

발이 넓다	눈이 높다	손이 크다	귀가 얇다

1) ____________________(으)ㄴ 사람은 사교적이라서 여기저기에 친구가 많다.

2) ____________________(으)ㄴ 사람은 물건이나 음식을 살 때 많이 사고 잘 나누어 준다.

3) ____________________(으)ㄴ 사람은 물건을 고를 때 기준이 높고 잘 만족하지 못한다.

4) ____________________(으)ㄴ 사람은 다른 사람 말을 듣고 결정을 하거나 결정을 바꿀 때가 많다.

11과 한국

어휘·표현

1. 관계있는 표현을 연결하고 글을 완성하십시오.

차례를 지내다　　세배를 드리다　　윷놀이를 하다　　소원을 빌다

한국의 대표적인 명절인 추석과 설날에는 온 가족과 친척들이 모여 조상님께 1)____________________________거나 직접 조상의 묘를 찾아가서 성묘한다. 설날에는 떡국이나 전 같은 명절 음식을 먹고 가족들과 함께 2)____________________(으)면서 즐거운 시간을 보낸다. 또 아이들은 새해 인사로 어른들께 3)____________________고 어른들은 아이들에게 세뱃돈을 주면서 덕담을 해 준다. 추석에는 송편이라는 떡을 먹고 보름달을 보면서 4)____________________기도 한다. 최근에는 명절 문화가 많이 바뀌어서 고향 집에서 명절을 보내는 대신에 가족들이 함께 여행을 가는 경우가 늘고 있다.

2. 그림을 보고 알맞은 공휴일과 연결하십시오.

10월 3일	8월 15일	10월 9일
•	•	•
•	•	•
한글날	개천절	광복절

3. 알맞은 어휘를 골라 문장을 완성하십시오.

돌아가시다	독립하다	기념하다	세우다

1) 광복절은 한국이 ______________(으)ㄴ 것을 축하하는 날이다.

2) 한글날은 세종대왕이 한글을 만든 것을 ______________는 날이다.

3) 개천절은 단군이 이 땅에 나라를 처음 ______________(으)ㄴ 것을 축하하는 날이다.

4) 현충일은 나라를 위해 싸우다가 ______________(으)ㄴ 분들을 기억하는 날이다.

-기도 하고 -기도 하다

1. 보기 와 같이 문장을 완성하십시오.

보기 한국에서는 명절 때 가족이 집에서 모이기도 하고 여행을 가기도 해요.

1) 저는 기분이 안 좋을 때 ______________________________

____.

2) 집들이를 할 때 ______________________________

____.

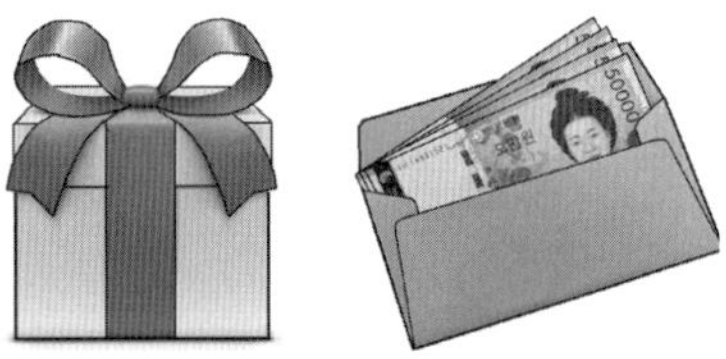

3) 결혼식에 초대받은 친구들은 ______________________________

____.

4) 영화 '선물'은 ______________________________

____.

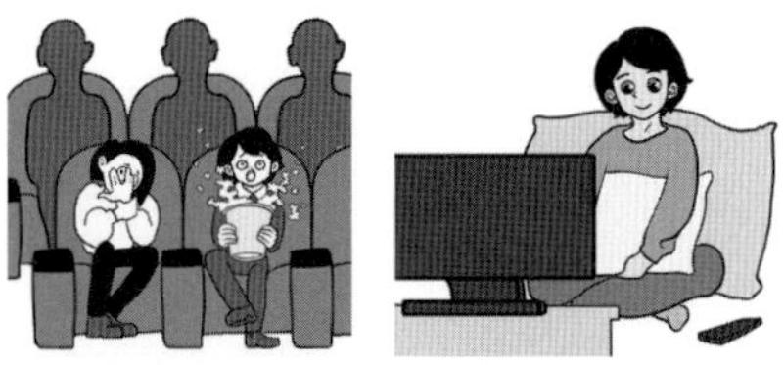

5) 영화가 보고 싶을 때 ______________________________

____.

2. 보기 와 같이 대화를 완성하십시오.

> 보기
> 가: 쇼핑할 때 주로 어디에 가요?
> 나: 동대문에 가기도 하고 홍대에 가기도 해요.

1) 가: 한가할 때 뭐 해요?

   나: ______________________________.

2) 가: 졸릴 때 어떻게 해요?

   나: ______________________________.

3) 가: 요리하기 싫을 때 어떻게 해요?

   나: ______________________________.

4) 가: 스트레스를 많이 받을 때 어떻게 풀어요?

   나: ______________________________.

5) 가: 무슨 음악을 즐겨 들어요?

   나: ______________________________.

-ㄴ다니까/는다니까

1. 관계있는 것을 연결하고 문장을 완성하십시오.

1) 내일 눈이 많이 와요. •	————	• 빙판길을 조심하다
2) 지금 마트에서 돼지고기를 할인해요. •		• 주말에 구경하러 가다
3) 요즘 설악산 단풍이 아름다워요. •		• 우리도 먹으러 가다
4) 한국 사람들은 여름에 삼계탕을 먹어요. •		• 마트에 사러 가다
5) 승강기가 고장 났어요. •		• 걸어서 올라가다

1) 내일 눈이 많이 온다니까 빙판길을 조심하세요.

2) ______________________________.

3) ______________________________.

4) ______________________________.

5) ______________________________.

2. 보기 와 같이 대화를 완성하십시오.

> 보기
>
> 가: 이번 한글날에는 무슨 기념행사를 한다고 해요?
>
> 나: 말하기 대회가 열린다니까 이리나 씨도 참가해 보세요.

1) 가: 일기 예보에서 내일 날씨가 어떻다고 해요?

나: ______________________________ 우산을 꼭 챙기세요.

2) 가: 고향 음식을 먹고 싶어요. 아는 식당 있어요?

나: ______________________________ 내일 같이 가 볼까요?

3) 가: 투이 씨가 많이 아프다면서요?

나: 네, 어제 ______________________________ 같이 병원으로 병문안 갈래요?

4) 가: 부산에 갈 때 뭘 타고 가면 좋을까요?

나: ______________________________.

5) 가: 한국에서 추석에 특별히 먹는 음식이 있다면서요? 저도 먹어 보고 싶어요.

나: ______________________________.

6) 가: 한국에서 결혼식에 갈 때 뭘 입는지 알아요? 제가 한국 친구 결혼식에 초대받았거든요.

나: ______________________________.

만 해도

1. 보기 와 같이 문장을 완성하십시오.

한 달 전

지금

보기 남자 친구가 없다

한 달 전만 해도 남자 친구가 없었는데

지금은 남자 친구가 있어요.

작년

지금

1) 한국어를 잘 못하다

____

____.

10년 전

지금

2) 우리 동네는 시골이다

____

____.

한국에 오기 전

지금

3) 외국인 친구가 없다

____

____.

초등학생 때

지금

4) 통통하다

____

____.

2. (보기) 와 같이 대화를 완성하십시오.

보기
가: 언제부터 한국에 관심을 가지게 됐어요?

나: **고등학생 때만 해도 관심이 없었는데** 한국 드라마를 보고서 관심이 생겼어요.

1) 가: 언제부터 제프리 씨하고 그렇게 친했어요?

나: ____았는데/었는데

같은 반이 되고서 친해졌어요.

2) 가: 옷이 아직 입을 만해 보이는데 왜 친구에게 줘요?

나: ____았는데/었는데

이제는 살이 쪄서 못 입어요.

3) 가: 언제부터 김치를 잘 먹게 됐어요?

나: ____았는데/었는데

계속 먹으니까 맛있더라고요.

4) 가: 언제부터 커피를 마셨어요?

나: ____았는데/었는데

이제 커피를 안 마시면 졸려요.

5) 가: 언제부터 이렇게 요리를 잘했어요?

나: ____았는데/었는데

계속하니까 늘더라고요.

6) 가: 키가 커서 부러워요. 언제 이렇게 키가 커졌어요?

나: ____았는데/었는데

고등학교 때 갑자기 컸어요.

-다니

1. 알맞은 어휘를 골라 대화를 완성하십시오.

실망하다	아쉽다	감동하다	이상하다	대단하다	부럽다

1) 가: 약속 시간에 늦지 않기로 약속하고서 또 늦게 왔네.

나: 미안해. 시간을 잊어버렸어.

가: 약속을 어기다니 좀 실망했어.

2) 가: 올해 장마철에는 비가 너무 적게 왔어요.

나: 보통 비가 많이 내려요?

가: 네, 이렇게 ______________________.

3) 가: 한국어를 잘하네요. 오랫동안 배웠어요?

나: 한국어 배운 지 6개월밖에 안 됐어요.

가: 와, 그런데 ______________________.

4) 가: 중국에서는 국경절에 일주일이나 쉰다면서요?

나: 네, 더 길게 쉬기도 해요.

가: 한국은 중요한 명절에도 삼 일밖에 안 쉬는데 ______________________.

5) 가: 대학교에 입학할 줄 알았는데 왜 갑자기 귀국하기로 결정했어요?

나: 부모님과 상의해서 진로를 바꾸기로 했어요.

가: 오랫동안 같이 지낼 줄 알았는데 ______________________.

6) 가: 너 오늘 생일이지? 축하해. 케이크 사 왔으니까 같이 먹자.

나: 어, 어떻게 알았어?

가: 네가 작년에 가르쳐 줬잖아.

나: ______________________.

듣기 어휘·표현

1. 알맞은 어휘를 골라 대화를 완성하십시오.

비비다	섞이다	집다	낯설다

리포터 반갑습니다, 에바 씨. 에바 씨는 한국 음식을 드시면서 어떤 점이 가장 인상적이었습니까?

에바 비빔밥이요. 처음 한국에 왔을 때 한식당에 간 적이 있었는데요. 그때만 해도 비빔밥을 먹는 방법을 몰라서 밥 위에 있는 채소를 먼저 1)____________아/어 먹었어요. 그렇게 채소만 먹고 있는데 식당 아주머니가 웃으면서 밥과 채소를 같이 2)____________아/어 주시더라고요.

리포터 그렇게 먹으니까 어땠어요?

에바 여러 가지 맛이 3)____________아서/어서 더 맛있더라고요. 그다음부터는 집에서도 자주 비벼 먹어요.

리포터 네, 그러셨군요. 비벼 먹는 것이 외국 분들은 신기할 수 있겠네요. 우리에게는 익숙한 문화가 다른 나라 사람에게는 4)____________고 재미있게 느껴질 수 있는 것 같습니다. 지금까지 '한국 음식 문화 축제'에서 이수민이었습니다.

2. 알맞은 어휘를 골라 문장을 완성하십시오.

나누다	싸다	열리다	올리다

1) 지금 저는 '한국 음식 문화 축제'가 ____________고 있는 성북동에 나와 있습니다.

2) 외국 분들을 만나 한국의 음식 문화에 대해 얘기를 ____________아/어 보겠습니다.

3) 삼겹살을 먹을 때 상추 위에 고기를 ____________고 쌈장을 넣어서 이렇게 먹으면 더 맛있어.

4) 처음 삼겹살을 먹을 때 쌈을 ____________아/어 먹는 걸 몰라서 고기 따로 채소 따로 먹었어요.

읽기 어휘·표현

1. 알맞은 어휘를 골라 글을 완성하십시오.

멀어지다	다정하다	간직하다	들다	신기하다

한국 학교에서는 후배가 선배를 부를 때, '오빠', '형', '누나', '언니'라고 부릅니다. 또 식당 손님이 아주머니 종업원을 부를 때 '이모'라고 하는 경우도 많습니다. 가족이 아닌데 가족 호칭을 사용하다니 처음에는 좀 1)__________고 이상했습니다. 아마 한국 사람들은 다른 사람과 가족처럼 친하게 이야기를 하고 싶어서 가족 호칭을 사용하는 것 같습니다. 이제는 저도 단골 식당에서 밥을 먹을 때 '이모, 반찬 좀 더 주세요.'라고 말합니다. 그럼 그분이 반찬을 갖다 주시면서 한국말 공부를 열심히 하고 있냐고 2)__________게 말을 걸어 주십니다. 그렇게 식당 이모님과 즐겁게 대화를 나누고 식사를 하면 마치 집에서 밥을 먹는 기분이 3)__________ㅂ니다/습니다.

저는 사람과 사람 사이의 거리가 가까운 한국이 참 좋습니다. 따뜻함을 느낄 수 있기 때문입니다. 요즘 현대 사회는 모든 것이 편리해지고 빨리 변하고 있지만 사람 사이는 4)__________고 있어서 아쉽습니다. 한국은 오랫동안 이 따뜻한 문화를 계속 5)__________았으면/었으면 좋겠습니다.

2. 알맞은 어휘를 골라 문장을 완성하십시오.

종종	사이	치다	끼다

1) 한국 친구들은 대화할 때 웃으면서 상대방의 어깨를 __________기도 합니다.

2) 학교 앞에서 학생들이 서로 팔짱을 __________고 수다를 떨면서 걸어가고 있다.

3) 저는 한국에서 다양한 사람을 만나면서 깜짝 놀라는 경험을 __________ 하게 됐습니다.

4) 버스 기사님과 손님은 처음 만난 __________인데도 자연스럽게 인사를 나누고 날씨 이야기를 했다.

12과 고민 상담

어휘·표현

1. 관계있는 것을 연결하고 알맞은 표현을 골라 문장을 완성하십시오.

○ 성격이 •	• 서투르다
○ 돈을 •	• 잘 맞다
○ 한국어가 •	• 잘 통하다
○ 말이 •	• 낭비하다
○ 오해가 •	• 생기다

1) 나는 남자 친구하고 **성격이 잘 맞아서** 싸우지 않고 즐겁게 지내고 있다.

2) 나는 우리 오빠하고 이야기하는 것이 참 좋다. 오빠는 내가 말하는 것을 잘 이해한다.
   오빠하고 나는 ________________ ㄴ다/는다.

3) 한국에 온 지 3년이 넘었지만 아직도 ________________아서/아서 한국 사람들하고 이야기할 때마다 스트레스를 받는다.

4) 우리 언니는 월급을 받으면 일주일 안에 다 쓴다. ________________는 언니의 습관 때문에 부모님이 걱정을 많이 하신다.

5) 친했던 친구가 갑자기 나한테 인사도 안 하고 연락도 안 받는다. ________________(으)ㄴ 것 같은데 이유를 모르니까 정말 답답하다.

2. 알맞은 표현을 골라 문장을 완성하십시오.

자신감이 없다	속상하다	해결하다	조언을 듣다	관계가 나빠지다

1) 저, 선배님, 시간 있으세요? 고민이 있는데 선배님에게 이야기하면서 ______________고 싶어서요.

2) 열심히 준비했는데 긴장해서 말하기 시험을 잘 못 봤어요. 너무 ______________아서/어서 울고 싶어요.

3) 대학교 진학 문제 때문에 몇 개월 동안 고민했는데 선생님 덕분에 잘 ______________(으)ㄹ 수 있었어요. 정말 감사드립니다.

4) 룸메이트와 성격이 안 맞아서 자꾸 싸우게 되니까 룸메이트와 점점 ______________는 것 같아요.

5) 저는 다른 사람들 앞에 서서 발표할 때 너무 떨리고 ______________아져요/어져요. 어떻게 하면 좋을까요?

3. 밑줄 친 표현과 비슷한 표현을 골라 쓰십시오.

짜증이 나다	대화로 풀다	사과하다	조언을 구하다

제 여자 친구는 전화를 잘 안 받아요. 오늘도 다섯 번이나 전화를 했는데 계속 안 받았어요. 여자 친구의 행동이 1) <u>너무 마음에 안 들고 화가 났어요</u>. (짜증이 났어요.) 내가 화를 내니까 여자 친구도 화를 냈어요. 그래서 오늘 여자 친구하고 크게 싸웠어요.

누나한테 여자 친구 이야기를 하고 2) <u>해결할 수 있는 방법을 물어보았어요</u>. (   ) 누나는 내가 여자 친구에게 먼저 3) <u>"미안해."라고 말하는</u> (   ) 것이 좋겠다고 했어요. 그리고 솔직하게 마음을 이야기하라고 했어요.

나는 여자 친구를 만나서 이야기했어요. 그리고 전화를 안 받으면 걱정이 된다고 솔직하게 말했어요. 문제가 생겼을 때는 4) <u>이야기를 해서 문제를 해결하는</u> (   ) 것이 중요한 것 같아요. 대화를 한 다음에 우리 사이가 다시 좋아졌어요.

-(으)ㄹ까 봐

1. 알맞은 표현을 골라 문장을 완성하십시오.

날씨가 많이 춥다	많이 다쳤다	사과를 받지 않다
발표를 잘 못하다	반대하다	잘 못 보다

1) 다음 시간에 발표를 해야 하는데 **발표를 잘 못할까 봐** 걱정이에요.

2) 친구한테 사과하고 싶은데 친구가 ______________________ 걱정이에요.

3) 내일 놀이공원에 놀러 가는데 ______________________ 걱정이에요.

4) 한국에서 취직하고 싶은데 부모님께서 ______________________ 고민이에요.

5) 다음 주에 토픽 시험을 보는데 시험을 ______________________ 걱정이에요.

6) 압둘라 씨가 교통사고를 당했는데 ______________________ 걱정이에요.

2. 보기 와 같이 대화를 완성하십시오.

> 보기
> 가: 회의 내용을 녹음했어요?
> 나: 네, **중요한 내용을 잊어버릴까 봐** 걱정이 돼서 녹음했어요.

1) 가: 왜 우산을 가지고 왔어요?

나: 날씨가 좀 흐려서 ______________________ 우산을 가지고 왔어요.

2) 가: 아까 사 온 고기는 어디에 있어?

나: 날씨가 더워서 ______________________ 냉장고에 넣었어.

3) 가: 왜 이렇게 일찍 왔어요?

나: 요즘 휴가철이어서 ______________________ 아침에 일찍 나왔어요.

4) 가: 음식을 왜 이렇게 많이 준비했어요?

나: 사람들이 많이 오면 ______________________.

만큼

1. 보기 와 같이 문장을 완성하십시오.

보기

지영 소연

→ 지영이는 소연이만큼 공부를 잘해요.

1) 

압둘라 178cm 바트 179cm

→ 압둘라는 ______________________ 키가 커요.

2) 

아이 어른

→ 우리 아이는 정말 밥을 잘 먹어요.

______________________ 많이 먹어요.

3) 

제프리 압둘라

→ 제프리는 농구를 잘해요.

그런데 ______________________ 잘하지는 못해요.

4) 

40만원
집 앞 옷가게

50만원
백화점

→ 집 앞 옷 가게에서 예쁜 옷을 봤는데 너무 비쌌어요.

그렇지만 ______________________ 비싸지는 않았어요.

5) 

→ 지난 방학 때 남쪽에 있는 거제도에 여행을 갔어요. 저는 제주도가 한국에서 제일 아름다운 곳이라고 생각했는데 거제도도 ________ ______________ 아름다운 곳이었어요.

2. (보기) 와 같이 문장을 완성하십시오.

보기
설악산은 한국에서 가장 아름다운 산이에요. = 설악산만큼 아름다운 산은 없어요.

1) ____________은/는 한국에서 가장 아름다운 곳이에요. = ________________ 아름다운 곳은 없어요.

2) ____________이/가 제일 편해요. = ________________________________ 편한 곳은 없어요.

3) ____________을/를 제일 사랑해요. = ____.

4) ____________이/가 제일 재미있어요. = ____.

5) 인생에서 ____________이/가 제일 중요해요. = ____________________________________.

3. 맞는 것을 고르십시오.

1) 돈을 얼마(처럼, 만큼) 벌고 싶어요?

2) 하늘(처럼, 만큼) 땅(처럼, 만큼) 너를 사랑해.

3) 제 남편은 강아지(처럼, 만큼) 귀엽게 생겼어요.

4) 우리 아기가 천사(처럼, 만큼) 자고 있어요.

-아/어 달라고/주라고 하다

1. (보기) 와 같이 문장을 완성하십시오.

보기

1)

2)

커피 좀 사 주세요.
간토야가 뭐라고 했어요?

3)

오늘 방 청소 좀 해 주세요.
간토야가 뭐라고 했어요?

4)

이 숙제 좀 도와주세요.
간토야가 뭐라고 했어요?

5)

카오루한테 커피를 좀 사 주세요.
간토야가 뭐라고 했어요?

6)

카오루한테 책 좀 빌려주세요.
간토야가 뭐라고 했어요?

7)

카오루 숙제를 좀 도와줄래요?
간토야가 뭐라고 했어요?

2. 다음을 읽고 '-아/어 달라고 하다'와 '-아/어 주라고 하다'를 사용해서 쓰십시오.

1) 선생님께서 장핑에게 __칠판 글씨를 지워 달라고 하셨어요.__

2) 투이가 ______________________________.

3) 제프리가 ______________________________.

4) 이리나가 ______________________________.

5) 바트가 ______________________________.

6) 바트가 ______________________________.

7) 압둘라가 ______________________________.

-아/어 버리다

1. 알맞은 어휘를 골라 문장을 완성하십시오.

끝내다	외우다	자다	먹다	버리다

1) 집안일이 많았는데 세 시간 동안 쉬지 않고 해서 다 __끝내__ 버렸어요.

2) 요즘 다이어트를 하고 있지만 너무 배가 고파서 밥을 두 그릇이나 ______________ 버렸어요.

3) 이 노래를 너무 많이 불러서 다 ______________ 버렸어요.

4) 너무 피곤해서 저녁도 안 먹고 아침까지 ______________ 버렸어요.

5) 남자 친구와 헤어진 다음에 그동안 받았던 선물을 다 ______________ 버렸어요.

2. 알맞은 어휘를 골라 대화를 완성하십시오.

팔다	쓰다	끄다	자르다	오다

1) 가: 누가 불을 다 껐어요?

나: 제가요. 책상 등만 켜고 모두 **꺼 버렸더니** 집중이 잘 돼요.

2) 가: 머리 모양이 달라졌네요.

나: 네, 날씨가 더워져서 어제 머리를 짧게 ______________________았어요/었어요.

3) 가: 차를 팔았어요?

나: 네, 차가 자꾸 고장이 나서 지난달에 ______________________았어요/었어요.

4) 가: 용돈을 받았는데 왜 돈이 없어요?

나: 사고 싶은 물건이 많아서 용돈을 받자마자 다 ______________았거든요/었거든요.

5) 가: 왜 약속 장소에 나갔다가 그냥 왔어요?

나: 친구가 연락도 없이 1시간을 늦게 왔어요. 그래서 화가 나서 집으로 ____________았어요/었어요.

3. 알맞은 어휘를 골라 글을 완성하십시오.

말하다	버리다	찢다	빼다

남자 친구가 저한테 거짓말을 했을 때 저는 정말 화가 났어요. 그래서 참지 못하고 "헤어지자!"라고 1) **말해 버렸어요.** 그리고 집에 온 다음에 남자 친구한테 받은 선물을 쓰레기통에 2)__________앗어요/었어요. 사진도 3)__________고, 반지도 손에서 4)__________았어요/었어요. 그러고 나서 정말 많이 울었어요.

듣기 어휘·표현

1. 알맞은 어휘를 골라 대화를 완성하십시오.

가지다	가입하다	서투르다	늘다	익숙하다	다가가다

장핑 저한테 고민이 좀 있어요. 이제 한국 생활은 많이 1)______________아졌는데/어졌는데 아직까지 한국 친구가 없어요. 한국에 오면 친구를 많이 사귀고 한국어도 금방 2)______________(으)ㄹ 줄 알았는데 생각만큼 쉽지 않네요.

장설 맞아요. 한국 친구들은 너무 바빠 보여서 말 걸기가 어려워요.

윤아 너희가 먼저 적극적으로 3)______________아/어 봐. 외국인 친구를 사귀고 싶어 하는 한국 사람들도 많거든.

장핑 제가 아직 한국말이 4)______________는데/(으)ㄴ데 친구를 사귈 수 있을까요?

윤아 그럼, 용기를 5)______________아/어! 동아리에 6)______________아서/어서 친구들을 만나는 것도 도움이 될 거야. 너는 운동을 좋아하니까 태권도 동아리 같은 곳은 어때?

장핑 음, 동아리에 들어가는 것도 괜찮겠네요.

2. 알맞은 어휘를 골라 문장을 완성하십시오.

습관	짜증	소용	근처

1) 아침에 일찍 자고 일찍 일어나야 해요. 좋은 생활 __________만큼 중요한 것이 없어요.

2) 동생이 아침에 자꾸 내 옷을 입고 학교에 가요. 입으려고 생각한 옷이 옷장에 없으면 정말 __________이/가 나요.

3) 요즘 집 __________ 편의점에서 아르바이트를 하고 있어요.

4) 그 사람한테는 말을 해도 __________이/가 없어요. 다른 사람의 말을 절대 안 듣거든요.

읽기 어휘·표현

1. 알맞은 어휘를 골라 대화를 완성하십시오.

댓글	온라인	익명	직접

가: 지금 뭐 하고 있어요?

나: 인터넷 고민 상담 글에 '걱정하지 마세요.'라고 1)__________________을/를 쓰고 있어요.

가: 요즘은 인터넷으로 고민 상담을 많이 하지요?

나: 네, 예전에는 고민이 있을 때 친한 친구나 선생님을 만나서 2)______________ 이야기를 했는데, 요즘은 3)______________(으)로 고민 상담을 하는 사람이 점점 늘고 있어요.

가: 왜 인터넷으로 고민 상담을 많이 할까요?

나: 온라인에서는 4)__________________(으)로 고민을 이야기할 수 있고 여러 사람에게서 조언도 들을 수 있기 때문에 그런 것 같아요.

2. 알맞은 어휘를 골라 문장을 완성하십시오.

자랑	스스로	전문적	켤레	안부	한턱

1) 저는 가끔 친구에게 전화해서 "잘 지내? 건강하지?"라고 ______________을/를 물어요.

2) 회사에서 승진을 하고서 기분이 좋아서 친구들에게 ______________ 냈어요.

3) 회사에 출근할 때 신으려고 구두를 두 ______________ 샀어요.

4) 그림에 관심이 많으면 대학에 가서 ______________(으)로 배워 보세요.

5) 저는 대학에 입학하고서 한 번도 용돈을 받은 적이 없어요. 아르바이트를 해서 __________ 용돈을 벌었거든요.

6) 옆집에 사는 아주머니는 매일 우리 엄마에게 ______________을/를 해요. 어제도 "우리 아이가 이번 시험에서 1등을 했어.", "남편이 비싼 옷을 사 줬어."라고 말했어요.

13과 연애 · 결혼

어휘 · 표현

1. 그림을 보고 알맞은 어휘를 골라 쓰십시오.

신부	청첩장	신랑	신혼여행

1) ( ) 2) ( ) 3) ( ) 4) ( )

2. 관계있는 것을 연결하십시오.

1) 하객 •	• 결혼을 축하하는 의미로 내는 돈
2) 소개팅 •	• 남자와 여자가 서로 사랑하여 사귀는 것
3) 연애 •	• 결혼이나 좋은 일을 축하하러 온 손님
4) 축의금 •	• 다른 사람의 소개로 남자와 여자가 만나는 일

3. 알맞은 어휘를 골라 대화를 완성하십시오.

설레다	반하다	고백하다	통하다	빠지다	청혼하다

1) 가: 내일 친구들하고 제주도로 여행을 간다면서요?

나: 네, 너무 좋고 ____________아서/어서 잠이 안 와요.

2) 가: 어떤 사람을 사귀고 싶어요?

나: 저는 말이 잘 ____________는 사람과 사귀고 싶어요. 서로 잘 이해할 수 있어야 좋은 관계를 유지할 수 있다고 생각해요.

3) 가: 첫눈에 ____________았던/었던 사람을 만난 적이 있어요?

나: 아니요. 아직 한 번도 없어요.

4) 가: 좋아하는 사람이 생겼는데 아직 말을 못했어요.

나: 빨리 ____________(으)세요. 말을 하지 않으면 좋아하는 걸 알 수가 없잖아요.

5) 가: 카오루 씨가 요즘 연애한다면서요?

나: 네, 소개팅에서 만난 사람과 사랑에 ____________아서/어서 날마다 만난다고 하더라고요.

6) 가: 이리나 씨, 남자 친구가 ____________았다면서요/었다면서요? 그 반지는 남자 친구가 준 거예요?

나: 네, 남자 친구가 지난 금요일 밤에 결혼해 달라고 하면서 반지를 줬어요.

-ㄴ대요/는대요, -대요, (이)래요, -냬요, -(으)래요, -재요

1. 보기 와 같이 대화를 완성하십시오.

보기

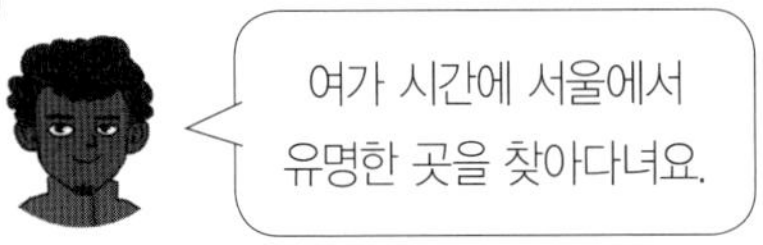

가: 압둘라 씨는 여가 시간에 주로 뭐 한다고 해요?

나: 서울에서 유명한 곳을 찾아다닌대요.

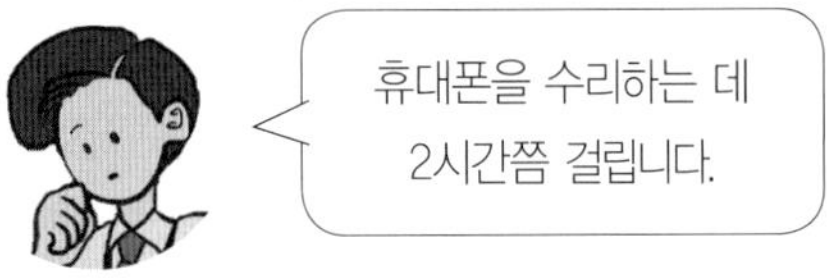

1) 가: 기사님이 휴대폰을 수리하는 데 얼마나 걸린다고 해요?

나: ____________________.

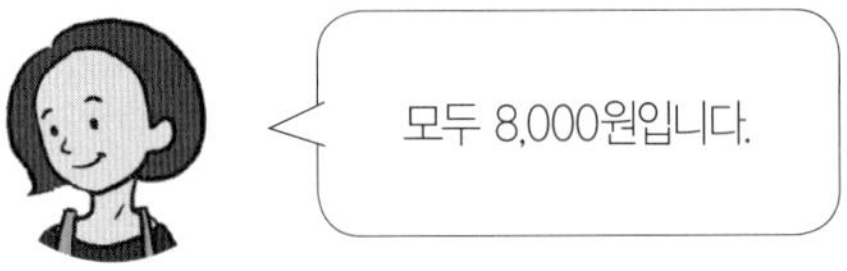

2) 가: 커피 값이 모두 얼마 나왔어요?

나: ____________________.

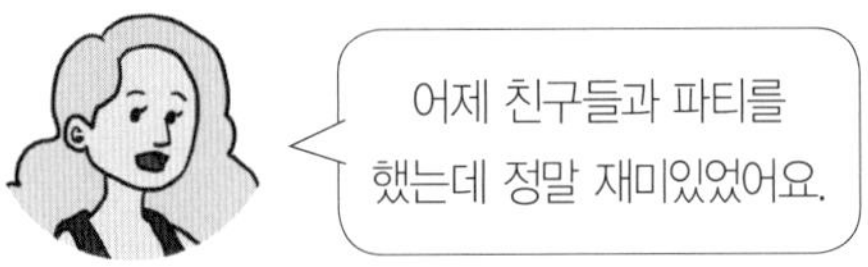

3) 가: 어제 파티가 어땠다고 해요?

나: ____________________.

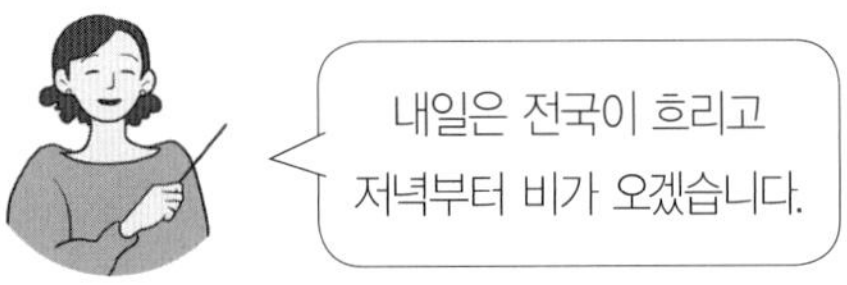

4) 가: 일기 예보에서 내일 날씨가 어떻다고 해요?

나: ____________________.

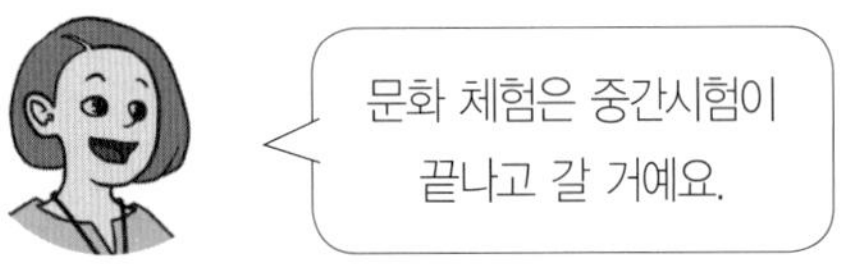

5) 가: 선생님이 이번 학기 문화 체험에 대해서 뭐라고 말씀하셨어요?

나: ____________________.

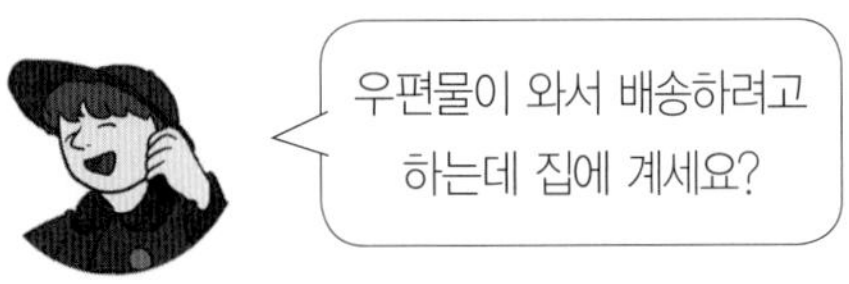

6) 가: 택배 기사님이 뭐라고 해요?

나: ____________________.

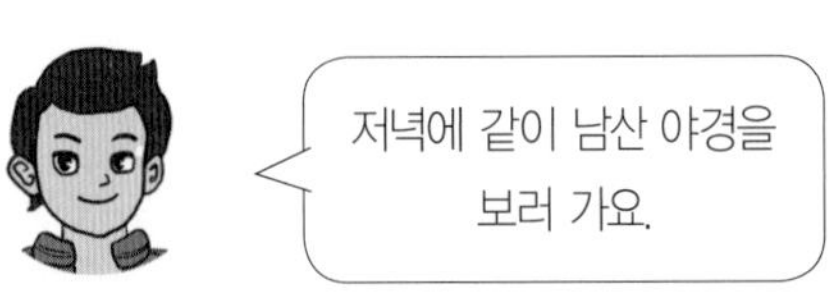

7) 가: 지훈 씨가 오늘 뭐 하자고 했어요?

나: ____________________.

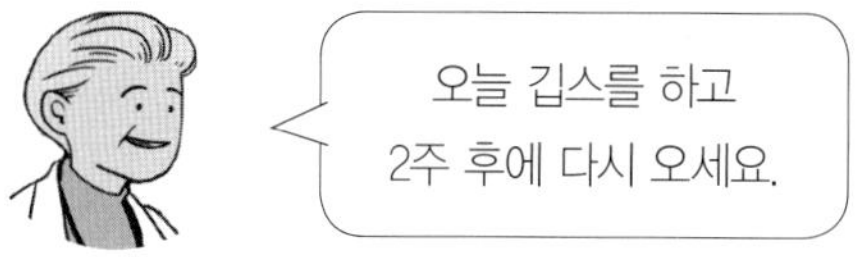

8) **가:** 의사 선생님이 뭐라고 하세요?

나: ______________________________.

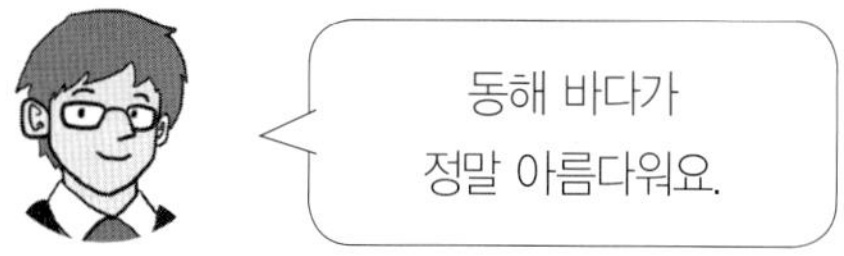

9) **가:** 동해 바다가 어떻대요?

나: ______________________________.

2. (보기) 와 같이 대화를 완성하십시오.

> **보기**
>
> **가:** 공부할 때 어떤 자세로 앉는 게 좋다고 해요?
>
> **나:** **바른 자세로 앉는 게 좋대요.**
> (바른 자세로 앉는 게 좋다)

1) **가:** 마키 씨는 하루에 몇 끼를 먹는다고 해요?

나: ______________________________.
(하루에 두 끼를 먹다)

2) **가:** 알렉세이 씨는 이번 방학에 뭐 할 거라고 해요?

나: ______________________________.
(아르바이트를 할 것이다)

3) **가:** 카오루 씨가 주말에 어디에 가자고 해요?

나: ______________________________.
(남이섬에 가다)

4) **가:** 다니엘 씨가 지난 수업 때 무엇을 배웠다고 해요?

나: ______________________________.
(한국 노래를 배웠다)

5) **가:** 어제 선생님께서 발표 시험에 대해 뭐라고 하셨어요?

나: ______________________________.
(이번 주말까지 발표문을 제출하다)

6) **가:** 국민대 통학 버스 요금이 얼마라고 해요?

나: ______________________________.

7) **가:** 통인 시장은 뭐가 유명하다고 해요?

나: ______________________________.

만에

1. 보기 와 같이 문장을 완성하십시오.

> 보기
> 친구와 싸운 후에 2주 동안 말을 하지 않았다. 오늘 처음 말을 했다.
>
> → 2주일 만에 친구하고 말을 했어요.

1) 한 달 동안 비가 오지 않았다. 어제 비가 왔다.

→ ______________________________ 비가 왔어요.

2) 아파서 일주일 동안 회사에 가지 못했다. 오늘부터 다시 회사로 출근을 했다.

→ ______________________________ 출근을 했어요.

3) 1년 동안 한국에만 있었다. 내일 고향에 간다.

→ ______________________________ 고향에 가요.

4) 물이 나오지 않아서 3일 동안 설거지를 하지 못했다. 오늘 물이 나와서 설거지를 했다.

→ ______________________________ 설거지를 했어요.

5) 1월부터 운동을 하지 못했다. 7월에 운동을 다시 시작했다.

→ ______________________________ 운동을 하기 시작했어요.

6) 바빠서 오랫동안 고향 친구와 연락을 하지 못했다. 오늘 고향 친구에게 전화를 했다.

→ ______________________________ 고향 친구에게 연락을 했어요.

2. 보기 와 같이 대화를 완성하십시오.

> 보기
> 가: 요즘도 운동을 해요?
>
> 나: 아니요, 운동을 시작한 지 보름 만에 포기했어요.
> (시작하다 / 보름 / 포기하다)

1) 가: 이리나 씨가 한국어 실력이 빨리 늘었지요?

나: 네, 한국어 공부를 ______________________________.
(시작하다 / 6개월 / 토픽 3급에 합격하다)

2) **가:** 지갑은 금방 찾았어요?

나: 네, 지갑을 ______________________________.
(잃어버리다 / 한 시간 / 경찰서에서 전화가 오다)

3) **가:** KTX로 부산까지 가는 데 얼마나 걸렸어요?

나: 서울에서 ______________________________.
(출발하다 / 두 시간 / 도착하다)

4) **가:** 핸드폰이 언제부터 안 켜졌어요?

나: 어제부터요. 핸드폰을 ______________________________.
(사다 / 하루 / 고장이 나다)

5) **가:** 두 사람은 사귄 지 얼마 만에 결혼하는 거예요?

나: ______________________________.
(사귀다 / 1년 / 결혼하다)

6) **가:** 취직하고 나서 얼마 후에 집을 샀어요?

나: ______________________________.
(취직하다 / 10년 / 집을 사다)

-던

1. 보기 와 같이 문장을 완성하십시오.

> 보기
> 이 도서관은 **고등학고 때 자주 가던** 곳이다. (고등학교 때 자주 갔다.)

1) 이 곰 인형은 ______________________________ 인형이다.
(어렸을 때 매일 가지고 놀았다.)

2) 오랜만에 ______________________________ 국민 공원에 갔다.
(데이트할 때 자주 산책했다.)

3) 요즘 ______________________________ 빨간 차를 내가 타고 있다.
(누나가 5년 동안 탔다.)

4) 어제 ______________________________ 금 목걸이를 내게 주셨다.
(엄마가 항상 하고 계셨다.)

5) ______________________________ 커피가 없어져서 찾고 있다.
(조금 전에 마셨다.)

6) 오늘 집에 가면 ______________________________ 한국 드라마를 계속 보려고 한다.
(어제 봤다.)

2. (보기) 와 같이 대화를 완성하십시오.

보기

가: 책상을 새로 샀나 봐요.

나: 아니에요. 고향 친구가 쓰던 책상이에요.

1) 가: 뭘 그렇게 찾아요?

나: 제가 ____________________ 이/가 없어졌어요. 여기 있었는데 어디 갔지?
(조금 전에 책을 봤다)

2) 가: 내가 ____________________ 이/가 어디 있지? 책상 위에 놨는데 안 보이네.
(아까 신문을 읽었다)

나: 아, 그거? 여기 있어.

3) 가: 스카프가 아주 예쁘다. 새로 샀어?

나: 아니, ____________________.

4) 가: 이 노래를 알아요? 옛날에 나온 노래인데.

나: 어렸을 때 자주 ____________________.

5) 가: 이 사진 속의 장소는 어디예요?

나: ____________________.

6) 가: 이 사진 속의 음식이 맛있어 보이네요. 어렸을 때 자주 먹었어요?

나: ____________________.

을/를 통해

1. 무엇을 알게 되었습니까? (보기) 와 같이 문장을 완성하십시오.

보기

[설문 조사] 한국인이 가장 하고 싶어 하는 여가 생활은 여행이다.

→ 이번 설문 조사를 통해 한국인이 가장 하고 싶어 하는 여가 생활은 여행이라는 것을 알게 되었다.

1) [뉴스] 2018년에 한국의 청년 취업률이 낮아졌다.

→ ____________________.

2) [일기 예보] 더위가 8월 말까지 계속된다.

→ ____.

3) [한국어교육센터 공지] 다음 달에 외국인 말하기 대회가 열린다.

→ ____.

4) [한국어 수업] 한국에서는 집들이 선물로 세제와 휴지를 사 간다.

→ ____.

5) [한국 문화 수업] 설날에 한국 사람들은 떡국을 먹고 세배를 하며 덕담을 주고받는다.

→ ____.

2. 보기 와 같이 대화를 완성하십시오.

> 보기
>
> 가: 비행기 표를 싸게 살 수 있는 방법이 있을까요?
>
> 나: 학교 안에 있는 여행사를 통해 사면 싸게 살 수 있을 거예요.

1) 가: 이번 주말 날씨를 어떻게 알 수 있어요?

나: ____.

2) 가: 대학교 입학 정보를 어떻게 알 수 있어요?

나: ____.

3) 가: 고향 소식을 어떻게 듣습니까?

나: ____.

4) 가: 한국의 역사를 재미있게 공부할 수 있는 방법이 있을까요?

나: ____.

5) 가: 한국 유학을 통해 무엇을 배우고 싶습니까?

나: ____.

6) 가: 유학 생활을 하면서 달라지거나 새롭게 배운 것이 있습니까?

나: ____.

듣기 어휘·표현

1. 알맞은 어휘를 골라 대화를 완성하십시오.

일부러	기회	왠지	관심

윤아 아빠는 갑자기 왜 그런 말을 한 거예요? 엄마를 좋아한 거예요?

엄마 응, 사실 그전부터 엄마를 좋아하고 있어서 그날 1)__________ 기다리고 있었대.

윤아 데이트할 2)__________을/를 만들려고요?

엄마 그렇지.

윤아 그래서 아빠랑 같이 영화를 보러 갔어요?

엄마 응. 사실 엄마도 아빠한테 조금 3)__________이/가 있었거든. 영화관까지 가는데 4)__________ 기분이 참 좋았어.

윤아 와, 그래서요?

엄마 영화를 보고 나서 커피를 마시면서 이야기를 하는데 말이 정말 잘 통하는 거야. 시간이 어떻게 가는지도 몰랐어. 카페가 끝날 때까지 있었으니까.

2. 알맞은 어휘를 골라 문장을 완성하십시오.

사귀다	젊다	떨리다	데려다주다

1) 부모님이 연애할 때 찍은 사진을 보면 두 분 다 너무 __________고 멋있으셨다.

2) 결혼하기 전에 남편과 __________(으)ㄹ 때 같이 영화관에 자주 갔다.

3) 여자 친구에게 좋아한다고 고백했을 때 너무 __________아서/어서 말을 잘 못 했다.

4) 아빠는 엄마와 연애할 때 아무리 피곤해도 엄마를 꼭 집까지 __________았다고/었다고 한다.

읽기 어휘·표현

1. 알맞은 어휘를 골라 글을 완성하십시오.

순	적령기	결과	대상	절반

통계청에서는 2019년에 20~30대 직장인 519명을 1)__________(으)로 '결혼은 꼭 필요하다고 생각하는가?'라는 질문으로 설문 조사를 실시했다. 그 2)__________에 따르면, 직장인 10명 중 7명이 '결혼은 선택할 수 있는 것'이라고 대답했으며 응답자의 32.4%만이 '결혼은 꼭 해야 하는 것'이라고 답했다.

결혼 3)__________에 대한 생각도 많이 바뀌었다. '언제가 결혼하기 적당한 때인가?'라는 질문에 대해 직장인의 4)__________ 정도(51.5%)가 '결혼하고 싶을 정도로 좋은 사람이 생겼을 때'라고 답했다. 그다음으로 '안정된 직장을 가졌을 때(18.9%)', '언제든지 상관없다(13.3%)', '마음의 준비가 되었을 때(12.9%)', '결혼할 만한 여유가 생겼을 때(2.9%)' 5)__________(으)로 나타났다.

2. 알맞은 어휘를 골라 문장을 완성하십시오.

실시하다	나타나다	늦어지다	답하다

1) 그 설문 조사의 마지막 질문에 '그렇다'고 __________(으)ㄴ 학생은 절반 정도였다.

2) 이번 설문 조사에서 대학생들의 고민 1위는 '취업'으로 __________았다/었다.

3) 국민 신문에서는 2019년 대학생들의 직업관에 대해 설문 조사를 __________았다/었다.

4) 통계청이 조사한 한국인의 초혼 연령은 평균 31.5세로, 2000년도에 비해 약 3~4세가 __________ 았다/었다.

14과 언어생활

어휘·표현

1. 관계있는 것을 연결하십시오.

1) 글 • — • 언어

2) • 말

3) 표정 •

4) • 몸짓

• 비언어 •

• 언어 •

2. 알맞은 어휘를 골라 글을 완성하십시오.

고유어	한자어	외래어	의성어	의태어

한국어의 단어에는 여러 가지가 있습니다. '하늘'이나 '사람'과 같은 1)__________와/과 학교(學校)나 시간(時間)과 같은 2)__________, 그리고 라디오(radio)나 오렌지(orange) 같은 3)__________이/가 있습니다. 또한 여러 소리를 나타내거나 움직임과 모습을 표현하는 단어도 있습니다. '따르릉'처럼 전화벨 소리를 나타내는 4)__________도 있고 '반짝반짝'처럼 별이 빛나는 모습을 나타내는 5)__________도 있습니다.

3. 관계있는 것을 연결하십시오.

1) 부탁하다 • ———— • 혹시 시간이 있으면 나 좀 도와줄래?

2) 거절하다 • • 발음이 안 좋아서 그런지 한국 사람들이 제 말을 이해하지 못해요.

3) 서투르다 • • 미안해서 어쩌지? 노트북을 빌려주기 어려울 것 같아.

4) 유창하다 • • 한국 사람처럼 한국말을 잘한다는 말을 자주 들어요.

5) 사과하다 • • 어, 죄송합니다. 모르고 발을 밟았어요.

4. 보기 와 같이 대화를 완성하십시오.

보기

(교실에서 자리를 바꾸고 싶다) (눈이 안 좋아서 부탁을 들어주기 어렵다)

1) **가:** (볼펜을 빌리고 싶다) ______________________________?

나: (볼펜이 하나밖에 없다) ______________________________.

2) **가:** (이사할 때 도와줬으면 좋겠다) ______________________________?

나: (같은 날 이사한다) ______________________________.

3) **가:** (사무실에 같이 가 줬으면 좋겠다) ______________________________?

나: (급한 약속이 있다) ______________________________.

-기는요

1. 보기 와 같이 대화를 완성하십시오.

보기

가: 제프리 씨랑 같이 식사하는 것을 몇 번 봤는데 혹시 제프리 씨랑 사귀어요?

나: (사귀다 / 그냥 친구 사이이다) → **사귀기는요. 그냥 친구 사이예요.**

1) **가:** 요즘 좀 한가해요?

나: (한가하다 / 요즘 일이 많아서 정신이 없다)

→ ______________________________.

2) **가:** 리에 씨는 술을 잘 못 마실 것 같아요.

나: (술을 못 마시다 / 저보다 잘 마시다)

→ ______________________________.

3) 가: 한국말을 아주 잘하시네요.

나: (잘하다 / 아직 많이 서투르다)

→ ____.

4) 가: 청소는 다 했어요?

나: (다 하다 / 아직 다 못 했다)

→ ____.

5) 가: 어제 본 영화가 재미있었어요?

나: (재미있다 / 지루해서 보다가 나왔다)

→ ____.

2. 보기 와 같이 대화를 완성하십시오.

> 보기
>
> 가: 요리를 잘하시네요.
>
> 나: 잘하긴요. 그냥 요리하는 걸 좋아해요.

1) 가: 유학 생활이 힘들지요?

나: ____.

2) 가: 제임스 씨는 형제가 많으니까 좋을 것 같아요.

나: ____.

3) 가: 불고기를 시킬까요? 매운 음식은 못 드시지요?

나: ____.

4) 가: 간토야 씨는 스트레스를 별로 안 받는 것 같아요.

나: ____.

5) 가: 너무 질문이 많았죠? 귀찮게 해서 죄송해요.

나: ____.

6) 가: 시간이 많이 남았지요? 그럼 이 일은 다음 주까지 할게요.

나: ____.

(이)라도

1. 알맞은 표현을 골라 대화를 완성하십시오.

차를 마시다	죽을 먹다	같은 나라 친구한테 물어보다	
선물을 주다	내일까지 끝내다	지금 사과하다	가까운 곳에 가다

1) 가: 연아 씨, 오늘 같이 식사할까요? 상담하고 싶은 게 있는데요.

나: 같이 식사하고 싶은데 제가 조금 전에 밥을 먹었어요. 차라도 마실까요?

2) 가: 친구 결혼식에 가고 싶은데 시간이 없어서 못 갈 것 같아요.

나: 그럼 ________________.

3) 가: 몸이 너무 아파서 밥을 못 먹겠어요.

나: 그럼 ________________.

4) 가: 친구하고 싸웠는데 미안하다는 말을 못 했어요.

나: 더 미루지 말고 ________________?

5) 가: 오늘까지 다 못 끝낼 것 같아요. 죄송해요.

나: 그럼 ________________.

6) 가: 부모님하고 유럽으로 여행을 가기로 했는데 제가 일이 바빠서 못 갈 것 같아요.

나: 그럼 유럽처럼 먼 곳 말고 ________________.

7) 가: 이 문법은 수업 시간에 선생님의 설명을 들었는데도 잘 모르겠어요.

나: 잘 모르겠으면 ________________.

2. 보기 와 같이 대화를 완성하십시오.

보기

가: 다 같이 여행을 갔으면 좋겠는데 갈 수 있는 사람이 세 명밖에 없어요. (다 같이 〉 세 명)

나: 그래요? 그럼 세 명이라도 가요.

1) **가:** 제가 좋아하는 가수가 콘서트를 해서 보러 가고 싶었는데 S석 표가 벌써 매진됐대요. (S석 〉 A석)

나: 그러면 S석만 못하지만 ________________________.

2) **가:** 죄송해요. 갑자기 급한 일이 생겨서 오늘은 못 만날 것 같아요. (오늘 〉 내일)

나: 그럼 ________________________.

3) **가:** 많이 배고파? 집에 밥은 없고 빵만 있는데. (밥 〉 빵)

나: 그러면 ________________________.

4) **가:** 어! 9시 10분이야. 수업에 늦었는데 그냥 가지 말까? (9시 〉 지금)

나: 조금밖에 안 늦었네. ________________________.

5) **가:** 남자 친구하고 같이 가려고 식당을 예약했는데 그날 일 때문에 같이 못 간대. (남자 친구하고 〉 다른 친구하고)

나: 그럼, ________________________.

6) **가:** 가을이라서 설악산으로 단풍을 구경하러 가고 싶었는데 시간이 없어서 못 갈 것 같아요. (설악산 〉 남산)

나: 그럼, 가까운 ________________________.

-아하다/어하다

1. 알맞은 어휘를 골라 문장을 완성하십시오.

반갑다	아쉽다	행복하다	귀찮다	부럽다	속상하다

1) 1년 만에 전화하면 고향 친구가 무척 **반가워할 거예요.**

2) 제가 이번 방학에 제주도에 간다고 말하면 친구들이 저를 ________________________.

3) 오늘 약속이 있었는데 일이 있어서 못 가게 됐어요.

갑자기 못 만난다고 하면 친구가 ________________________.

4) 특별한 날이 아니어도 꽃을 선물하면 여자 친구가 ________________________.

5) 사전을 찾지 않고서 자꾸 친구에게만 물어보면 친구가 ________________________.

6) 3급을 다시 하게 됐다고 부모님께 말씀드리면 부모님께서 ________________________.

2. 보기 와 같이 대화를 완성하십시오.

> 보기
> 가: 부모님이 언제 기뻐하셨어요?
> 나: 제가 학교에서 1등 했을 때 가장 기뻐하셨어요.

1) 가: 부모님이 언제 슬퍼하셨어요?

나: ______________________________.

2) 가: 부모님이 언제 행복해하셨어요?

나: ______________________________.

3) 가: 친구가 무엇을 할 때 가장 재미있어해요?

나: ______________________________.

4) 가: 친구가 가장 맛있어하는 음식이 뭐예요?

나: ______________________________.

5) 가: 친구가 가장 싫어하는 것이 뭐예요?

나: ______________________________.

와/과 달리

1. 보기 와 같이 문장을 완성하십시오.

> 보기
> 작년 – 6월에 장마가 시작되다 | 올해 – 7월에 장마가 시작되다
> : 작년과 달리 올해는 장마가 한 달 늦게 시작된다고 합니다.

1) 서울 – 바다가 멀다 | 부산 – 바다가 가깝다

: ______________ 은/는 바다가 가까워서 쉽게 바다를 구경하러 갈 수 있습니다.

2) 어제 – 지각 1명, 결석 2명 | 오늘 – 지각 0명, 결석 0명

: ______________ 은/는 지각한 학생도 없고 결석한 학생도 없습니다.

3) 형 – 청소하는 것을 좋아함 | 동생 – 청소하는 것을 싫어함

: ________________은/는 청소하는 것을 싫어해서 방이 깨끗하지 않을 때가 많습니다.

4) 지난번 – 간식이 없다 | 이번 – 간식이 제공되다

: ________________에는 간식이 제공되기 때문에 따로 먹을 것을 준비하지 않아도 됩니다.

5) 다른 카페 – 다른 가게의 음식을 먹을 수 없다 | 우리 카페 – 다른 가게의 음식을 먹어도 되다

: ________________에서는 다른 곳에서 산 음식을 가지고 와서 드셔도 됩니다.

2. 보기 와 같이 대화를 완성하십시오.

보기

가: 한국에는 바닥에 앉아서 먹는 식당이 있는데, 여러분 나라에는 그런 식당이 있어요?

나: 한국과 달리 우리 나라에는 바닥에 앉아서 먹는 식당이 없어요.

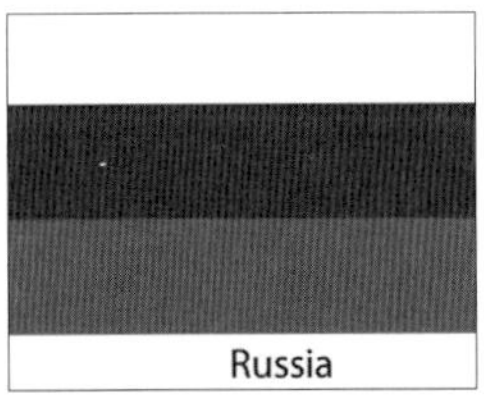

1) 가: 러시아에서는 꽃을 선물할 때 홀수로 주는데, 한국에서는 어때요?

나: ________________________________.

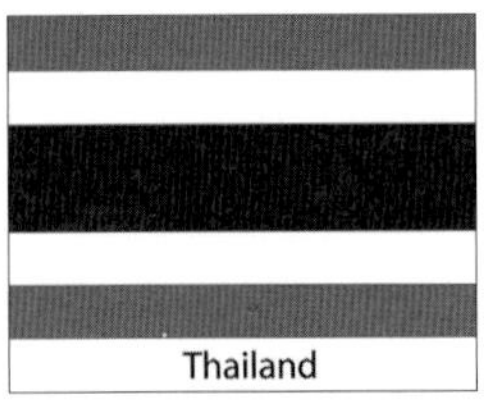

2) 가: 태국에서는 아이의 머리를 만지면 안 되는데, 한국에서는 괜찮아요?

나: ________________________________.

3) 가: 몽골에서는 손님이 집에 오면 따뜻한 우유를 대접하는데, 한국에서는 어때요?

나: ________________________________.

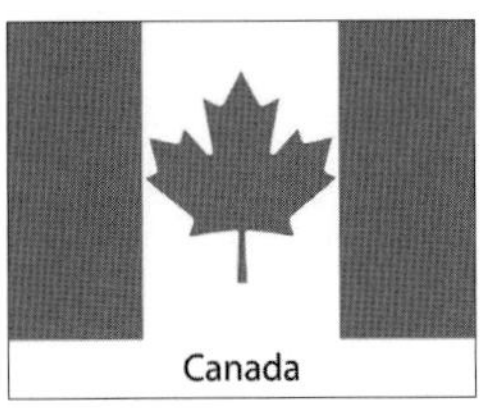

4) 가: 캐나다에서는 자기보다 나이가 많은 사람한테도 이름을 부르는데,

한국에서는 어때요?

나: ________________________________.

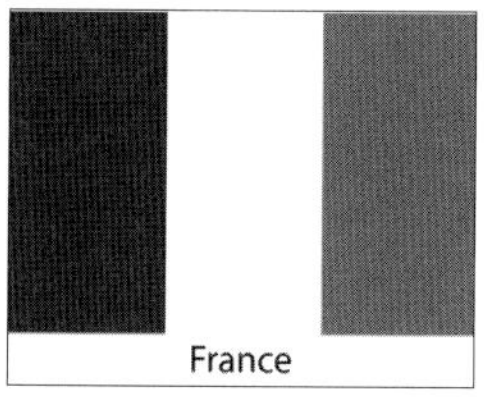

5) 가: 프랑스에서는 인사할 때 상대방 볼에 대고 가볍게 키스하는데,
한국에서는 어때요?

나: ________________________________.

듣기 어휘·표현

1. 알맞은 어휘를 골라 대화를 완성하십시오.

숙이다	어리다	자연스럽다	사용하다

오늘 수업에서는 학생들이 한국어를 1)____________(으)면서 경험했던 일에 대해 이야기해 보겠습니다. 대화를 듣고 학생들이 어떤 실수를 했는지, 어떻게 말하는 것이 좋은지 이야기해 봅시다. 먼저 첫 번째 대화를 들어 보겠습니다.

간토야	어! 선생님, 안녕하세요.
선생님	하하, 간토야 씨, 우리 아침에 만났을 때 인사했잖아요. 쉬는 시간 지나고 다시 만났을 때는 살짝 고개만 2)____________(으)면 돼요.
간토야	아, 정말요? 미안합니다.
선생님	미안하긴요. 그런데 간토야 씨, 어른에게는 '미안합니다'보다 '죄송합니다'라고 하는 게 더 좋아요. '미안합니다'라는 말은 나이가 비슷하거나 3)____________(으)ㄴ 사람한테 주로 사용하거든요.
간토야	높임말과 반말은 정말 어려운 것 같아요. 4)____________고 정확하게 사용하고 싶은데 그게 잘 안 돼요.
선생님	배운 지 얼마 안 돼서 그래요. 시간이 지나면 잘하게 될 거예요.

어때요? 간토야는 무엇을 어려워해요? 자, 다음으로 제프리와 선생님의 대화도 들어 봅시다.

2. 알맞은 어휘를 골라 대화를 완성하십시오.

살짝	주로	다시	자꾸

1) **가:** 요즘은 시간이 없으니까 편의점에서 간단한 음식을 사 먹을 때가 많아.

나: 나도 그래. 특히 아침에는 바쁘니까 ____________ 김밥이나 빵을 사 먹어.

2) **가:** 이 TV는 어디에 놓을까요?

나: 거실에 있는 테이블 위에 놔 주세요. 유리가 깨지지 않게 ____________ 올려 놔 주세요.

3) **가:** 뭐라고? 잘 못 들었는데 ____________ 한번 말해 봐. 주위가 시끄러워서 안 들려.

나: 밥 먹고 나서 케이크 먹으러 가자고 말했어.

가: 아, 그런 말이었어? 너무 좋지. 얼른 가자.

4) **가:** 어제도 4층에서 내렸는데 오늘 또 4층에서 내렸어.

나: 지난 학기 교실이 4층이었어?

가: 맞아. 아직 새 교실에 익숙해지지 않아서 그런지 ____________ 실수하네.

읽기 어휘·표현

1. 알맞은 어휘를 골라 글을 완성하십시오.

손가락	상대방	동그라미	좌우	표정

몸짓 언어는 소리 내서 말하지 않고 몸짓이나 1)____________ 등으로 의사소통하는 것을 말한다. 예를 들어 손바닥을 2)____________ 쪽으로 하고 흔들면 말을 하지 않아도 그 사람에게 인사한다는 것을 나타낸다.

나라와 문화마다 다양한 몸짓 언어를 사용한다. 따라서 같은 몸짓이어도 나라마다 다른 의미로 사용될 수 있다. 예를 들어 한국에서는 두 번째 3)____________을/를 볼에다 대면 '예쁘다'나 '귀엽다'라는 의미다. 하지만 한국과 달리 이탈리아에서는 '맛있다'라는 의미로 사용된다. 또 다른 예로 얼굴을 4)____________(으)로 살짝 흔드는 것이 스리랑카에서는 긍정적인 의미로 사용되지만 스리랑카와 달리 한국에서는 '아니다'나 '싫다' 등의 부정적인 의미로 사용된다. 이처럼 몸짓 언어는 나라나 문화에 따라 다를 수 있다는 것을 알아야 한다.

그렇다면 특별히 조심해야 하는 몸짓에는 어떤 것이 있을까? 우선 한국에서는 다른 사람을 말하는 사람 쪽으로 오라고 할 때 손짓을 하는데, 이때 손바닥을 아래로 하고 움직여야 한다. 손바닥을 위쪽으로 하면 상대방이 기분 나빠할 수 있다. 왜냐하면 보통 동물을 부를 때 손바닥을 위쪽으로 하기 때문이다. 또한 한국에서는 손가락으로 5)____________을/를 만들어서 '돈'이나 '알았다' 또는 '좋다'를 나타내는데, 이런 몸짓은 프랑스나 특히 스페인에서는 안 좋은 뜻으로 사용되기도 하니 조심해야 한다.

2. 알맞은 어휘를 골라 대화를 완성하십시오.

움직이다	어긋나다	대다	흔들다

1) 가: 마키, 저 남자가 너를 보면서 손을 ________________고 있는데 누군지 알아?

나: 아, 카오루네. 우리 반 친구야.

2) 가: 겨울에는 너무 추워서 아무것도 하고 싶지 않아요. 그래서 계속 집 안에만 있게 돼요.

나: 아무리 추워도 조금 ______________는 게 좋아요. 산책을 하든지 가벼운 운동을 하든지 해 보세요.

3) 가: 선생님, 내일 봐요. 안녕!

나: 네, 내일 만나요. 그런데 이리나 씨, 선생님한테 '안녕'이라고 하는 것은 예의에 ___________는 인사예요.

가: 아, 정말요? 죄송해요. 다음부터는 조심할게요.

4) 가: 학생, 버스 요금을 안 낸 것 같네요.

나: 어? 버스에 타면서 버스 카드로 냈어요.

가: 소리가 안 났으니까 단말기에 버스 카드를 다시 ________________아/어 보세요.

15과 사고

어휘 · 표현

1. 알맞은 어휘를 골라 문장을 완성하십시오.

부주의	무단 횡단	졸음운전	안전사고

1) 친구가 횡단보도가 없는 곳에서 ____________을/를 하다가 차와 부딪쳐서 팔에 깁스를 했다.

2) ____________(으)로 인해 발생한 화재 사고 중 40% 이상이 담배꽁초나 라이터 불 때문에 발생한다고 한다.

3) 지하철역에서는 열차와 승강장 사이에 발이 빠지거나 문에 몸이 끼는 ____________이/가 발생할 수 있다.

4) 고속도로에서 ____________을/를 하면 큰 사고가 발생할 수 있다. 따라서 졸리거나 피곤하면 휴게소에서 잠깐 쉬는 것이 좋다.

2. 알맞은 어휘를 골라 문장을 완성하십시오.

당하다	무시하다	떨어지다	빠지다	불이 나다

1) 도로에 차가 다니지 않아도 신호를 ____________고 길을 건너면 안 된다.

2) 아이들의 불장난 때문에 ____________아서/어서 119 소방대가 왔다.

3) 어렸을 때 수영장에서 친구들과 장난을 치다가 깊은 물에 ____________(으)ㄴ 적이 있다.

4) 동생이 자전거를 타다가 교통사고를 ____________아서/어서 급히 병원으로 데리고 갔다.

5) 아이가 의자 위에 올라가서 장난치다가 ____________아서/어서 다칠 뻔했다.

3. 관계있는 표현을 연결하고 문장을 완성하십시오.

안전띠를 매다 | 손잡이를 잡다 | 주변을 살피다 | 대피하다

1) 요즘은 법이 바뀌어서 차의 뒷좌석에서도 ____________________ 아야/어야 한다.

2) 흔들리는 버스 안에서 넘어지지 않으려면 ____________________ 는 것이 좋다.

3) 길을 건널 때는 반드시 신호를 지키고 ____________________ (으)면서 건너야 한다.

4) 화재가 발생하면 몸을 낮게 하고 빨리 안전한 곳으로 ____________________ 아야/어야 한다.

-는 바람에

1. 알맞은 표현을 골라 대화를 완성하십시오.

친구가 물을 쏟다	냉장고가 고장 나다	계단에서 넘어지다
승강기가 갑자기 멈추다	책을 잃어버리다	

1) 가: 왜 옷이 젖었어요?

나: 친구가 물을 쏟는 바람에 옷이 젖었어요.

2) 가: 왜 냉장고의 음식이 상했어요?

나: ____________________.

3) 가: 왜 숙제를 못 했어요?

나: ______________________________.

4) 가: 왜 다리에 깁스를 했어요?

나: ______________________________.

5) 가: 왜 학교에 119 구조대가 왔어요?

나: ______________________________.

2. 보기 와 같이 대화를 완성하십시오.

보기

가: 왜 수업에 늦었어요?

나: 버스가 고장 나는 바람에 아침에 늦었어요.

1) 가: 왜 화상을 입었어요?

나: ______________________________.

2) 가: 왜 바지가 찢어졌어요?

나: ______________________________.

3) 가: 카오루 씨가 왜 입원했대요?

나: ______________________________.

4) 가: 왜 핸드폰 화면이 깨졌어요?

나: ______________________________.

5) 가: 왜 갑자기 야구 경기가 취소됐어요?

나: ______________________________.

-(으)ㄹ 뻔하다

1. 관계있는 것을 연결하고 문장을 완성하십시오.

1) 책상에 손을 부딪치다 •	• 너무 아파서 눈물이 나오다
2) 친구가 내 생일에 편지를 써 주다 •	• 컵이 깨져서 다치다
3) 냉장고에 남은 음식을 넣어 놓다 •	• 감동해서 울다
4) 한국에서 처음 지하철을 타다 •	• 깜박해서 못 먹고 버리다
5) 친구가 갑자기 어깨를 치다 •	• 너무 복잡해서 길을 잃다
6) 컵을 떨어뜨리다 •	• 깜짝 놀라서 핸드폰을 떨어뜨리다

1) 책상에 손을 부딪쳤는데 너무 아파서 눈물이 나올 뻔했어요.

2) ______________________________.

3) ______________________________.

4) ______________________________.

5) ______________________________.

6) ______________________________.

2. 보기 와 같이 대화를 완성하십시오.

보기

가: 등산하느라고 힘들었죠?

나: 조금요. 산에 가니까 눈이 많이 왔더라고요. 하마터면 미끄러질 뻔했어요.

1) 가: 우산을 안 가져갔는데 비 안 맞았어요?

나: 집에 도착하니까 비가 오더라고요. ________________.

2) 가: 왜 도서관에 갔다 왔어요?

나: 확인해 보니까 빌린 책의 반납일이 오늘이더라고요. ________________.

3) 가: 급하게 어디 갔다 왔어요?

나: 카페에 책을 두고 와서 다시 갔는데 다행히 책이 있더라고요.

________________.

4) 가: 집에서 음식 타는 냄새가 나네요.

나: 잠깐 나갔다 왔는데 가스 불이 켜져 있더라고요. ________________.

5) 가: 승환아, 여기 책상 위에 책이 있는데 이거 네 책 아니야?

나: 맞아, 고마워. ________________.

–도록

1. 알맞은 표현을 골라 문장을 완성하십시오.

외국인도 이해할 수 있다	회의 장소가 덥지 않다	화재가 나지 않다
건강하게 살 수 있다	발표할 때 실수하지 않다	사고를 예방할 수 있다

1) 외국인도 이해할 수 있도록 자료를 영어로 번역해 놓았습니다.
2) ____________ 생활 습관을 바꿔야 합니다.
3) ____________ 미리 에어컨을 틀어 놓으세요.
4) ____________ 충분히 연습하세요.
5) ____________ 불을 사용할 때 주의해야 한다.
6) ____________ 안전사고 예방 교육을 해야 합니다.

2. 다음의 상황에서 듣거나 볼 수 있는 내용을 '–도록'을 사용하여 쓰십시오.

1) 지하철 안내 방송
- ✓ 내릴 때 물건을 두고 내리지 않도록 잘 확인해야 한다.
- ✓ ____________.

2) 공항 이용 시 주의 사항
- ✓ ____________.
- ✓ ____________.

3) 영화 시작 전 안내 방송
- ✓ ____________.
- ✓ ____________.

(으)로 인해

1. 관계있는 것을 연결하고 문장을 완성하십시오.

1) 스트레스 •	• 도로에서 교통사고가 발생했다
2) 음주 운전 •	• 작은 소리를 못 들을 수 있다
3) 소음 난청 •	• 위염에 걸리는 사람이 늘고 있다
4) 정전 •	• 화상을 입을 수 있다
5) 강한 햇빛 •	• 주민들이 폭염 속에서 고생하고 있다

1) 스트레스로 인해 위염에 걸리는 사람이 늘고 있다.

2) ______________________.

3) ______________________.

4) ______________________.

5) ______________________.

2. 그림을 보고 알맞은 표현을 골라 문장을 완성하십시오.

폭우	폭설	화재	한파	미세 먼지	태풍

1) 폭우로 인해 집들이 물에 잠겼다.

2) ______________________________________.

3) ______________________________________.

4) ______________________________________.

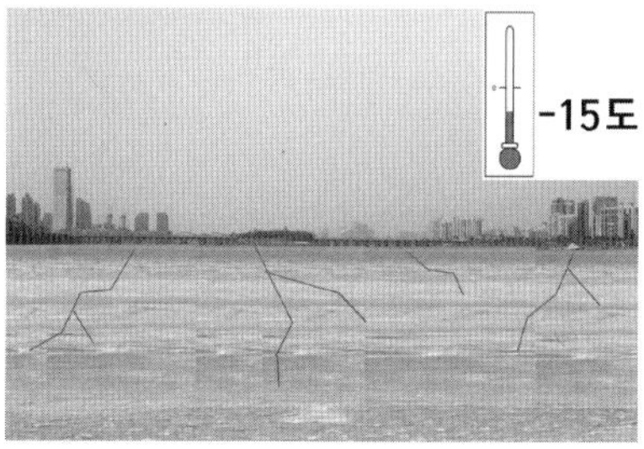

5) ______________________________________.

6) ______________________________________.

듣기 어휘·표현

1. 알맞은 표현을 골라 대화를 완성하십시오.

디디다	구조하다	난리가 나다	큰일 나다

장핑 어제 동대문역사문화공원역에서 사고가 나서 1)________________(으)ㄹ 뻔했어요.

투이 무슨 사고요?

장핑 그 역의 타는 곳과 열차 사이가 너무 넓은 것 같다고 우리가 얘기한 적이 있었죠?

투이 그랬죠. 지하철에서도 조심하라고 안내 방송이 나오잖아요.

장핑 그런데 어제 한 아이가 발을 잘못 2)________________아서/어서 그 사이로 떨어졌어요.

투이 정말요? 직접 봤어요?

장핑 네, 사람들이 다 그쪽으로 뛰어가고 3)________________았어요/었어요.

투이 그래서 어떻게 됐어요?

장핑 역무원이 열차를 출발하지 못하게 하고, 다른 사람들이 같이 아이를 끌어올려서 무사히 4)________________았어요/었어요.

2. 알맞은 어휘를 골라 문장을 완성하십시오.

다치다	나오다	예방하다	주의하다

1) 아이가 뛰어가다가 넘어져서 무릎을 ________________았다/었다.

2) 가정에서 일어나는 어린이 안전사고를 ________________(으)려면 위험한 물건을 안 보이는 곳에 두어야 한다.

3) 지하철역에서 안전에 대한 안내 방송이 ________________아도/어도 신경 쓰지 않는 사람들이 많다.

4) 오늘 핸드폰을 보면서 걷다가 다른 사람과 부딪쳤다. 앞으로 ________________아야겠다/어야겠다.

읽기 어휘·표현

1. 알맞은 어휘를 골라 글을 완성하십시오.

발생하다	밝히다	금지하다	당부하다	나타나다

올해 일어난 전체 화재 사고 중 사람들의 부주의로 인해 1)________________(으)ㄴ 사고가 가장 많은 것으로 2)________________았다/었다. 또한 소방청 조사 결과에 의하면 부주의로 인해 발생한 화재 사고 중 40% 이상이 담배꽁초나 라이터 불 때문에 발생했다고 한다.

지난 10월에 부산시의 한 아파트 6층 B씨(26) 집에서 불이 났다. 경찰은 담배꽁초를 싼 휴지에 불이 옮겨붙어서 화재가 발생했다고 3)________________았다/었다. 지난 2일에도 포천시에서 산불이 발생했는데, 이 화재 사고 또한 등산객이 버린 담배꽁초가 원인이었다.

소방청 관계자는 "담배를 피울 때 화재 위험이 없는 곳에서 피워야 하고, 특히 산 주변에서의 흡연은 4)________________아야/어야 한다."며, "피운 담배를 버릴 때는 담뱃불이 확실히 꺼진 것을 확인해야 한다."고 5)________________았다/었다.

2. 알맞은 어휘를 골라 글을 완성하십시오.

화재경보기	소화기	승강기	연기

화재가 발생하면 먼저 큰 소리로 화재 사실을 알리고 근처에 1)________________이/가 있으면 누릅니다. 119에 신고한 후 가까운 곳에 2)________________(이)나 소화전이 있으면 그것을 이용해서 불을 끕니다. 대피할 때는 자세를 낮게 하고 3)________________을/를 마시지 않도록 젖은 수건이나 옷으로 입과 코를 막습니다. 4)________________은/는 화재로 인해 멈출 수 있기 때문에 이용하지 않습니다.

16과 실수·후회

어휘·표현

1. 알맞은 어휘를 골라 문장을 완성하십시오.

깜박하다	헷갈리다	착각하다	익숙하다

1) 한국어를 공부하다가 뜻이 ____________________는 단어가 있을 때는 선생님께 물어보는 것이 제일 좋은 방법이에요.
2) 다른 반 여학생이 나를 볼 때마다 웃어서 나를 좋아하는 줄 알았는데 제 친구를 좋아한대요. 제가 ____________________았어요/었어요.
3) 이사온 지 3개월쯤 되니까 이 동네에 ____________________아졌어요/어졌어요.
4) 아버지 생신인데 ____________________고 전화를 안 드렸어요. 내일 아침에 바로 전화 드려야겠어요.

2. 알맞은 어휘를 골라 문장을 완성하십시오.

밟다	쏟다	빠트리다	치다	말실수하다

1) 제가 ____________________아서/어서 친구가 기분 나빠하는 것 같아요. 사과해야겠어요.

2) 옆 사람이 내 발을 ____________ 았는데도/었는데도 사과를 안 해요.

3) 친구가 앞에 있어서 어깨를 ____________ 았는데/었는데 모르는 사람이었어요.

4) 실수로 핸드폰에 커피를 ____________ 았는데/었는데 전원이 안 켜져요.

5) 핸드폰을 물에 ____________ 았는데/었는데 다행히 고장이 안 났어요.

3. 알맞은 어휘를 골라 문장을 완성하십시오.

아쉽다	후회하다	놀라다	창피하다	속상하다

1) 여자 친구와 데이트를 하고 이제 헤어져야 하는데 너무 ____________ 아요/어요.

2) 길을 걷다가 빙판길에서 미끄러졌는데 사람들이 보고 있어서 ____________ 았어요/었어요.

3) 수업 시간에 졸다가 선생님이 제 이름을 불러서 깜짝 ____________ 았어요/었어요.

4) 아이가 넘어져서 병원에 데려갔는데 다리뼈에 금이 갔대요. 아이가 아파하니까 너무 ____________ 아요/어요.

5) 대학교 수업이 너무 어려워요. 한국어 3급 수업이 끝나자마자 대학에 간 걸 ____________ 고 있어요.

-(으)ㄹ 걸 그랬다

1. 알맞은 표현을 골라 문장을 완성하십시오.

모임에 가다	열심히 공부하다	수업에 빠지지 말다
화를 내지 말다	공포 영화를 보지 말다	서비스 센터에 맡기다

1) 피곤해서 모임에 안 갔는데 너무 심심해요. **모임에 갈 걸 그랬어요.**

2) 출석률이 낮아서 4급에 못 가게 됐어요. ______________________.

3) 한국 회사에 취직하고 싶은데 한국어 실력이 부족해요.

______________________.

4) 컴퓨터에 문제가 있는 것 같아서 직접 고쳐 보려고 했는데 이제 전원도 안 켜져요.

______________________.

5) 작은 일 때문에 친구에게 화를 냈는데 기분이 안 좋아요.

______________________.

6) 밤에 자다가 무서운 꿈을 꿨어요. ______________________.

2. 보기 와 같이 대화를 완성하십시오.

보기

가: 어제 산 옷이 잘 맞아요?

나: **사이즈만 확인하고 그냥 샀는데 좀 작아서 바꿔야 돼요. 입어 보고 살 걸 그랬어요.**

1) 가: 선글라스를 안 가져왔네. 햇빛이 너무 강해서 눈이 아프다.

나: 나도 그래. ______________________.

2) 가: 이사 간 집이 별로 안 좋다면서요?

나: 네, 앞 건물 때문에 햇빛이 안 드는 걸 몰랐어요. ______________________.

3) 가: 희철아, 얘기 들었어? 네가 좋아하는 그 여자한테 남자 친구가 생겼대.

나: 어, 정말이야? ________________________________.

4) 가: 시험 준비 많이 했어요?

나: 아니요. 별로 못 했어요. 낮에 팥빙수를 너무 많이 먹어서 그런지 배탈이 났거든요.

________________________________.

5) 가: 안색이 안 좋아 보이는데 어디 아파요?

나: 어제 술을 너무 많이 마셔서 머리가 아파요. ________________________________.

6) 가: 목소리가 이상해요. 목이 아파요?

나: 네, 조금요. 어제 미세 먼지 농도가 심했는데 그냥 외출해서 그런 것 같아요.

________________________________.

-(으)ㄹ 텐데

1. 알맞은 표현을 골라 문장을 완성하십시오.

내일도 일이 많다	운전을 오래 해서 힘들다	파티에 사람이 많이 오다
시험이 어렵다	주중에 아르바이트를 하면 힘들다	짐이 많아서 무겁다

1) 내일도 일이 많을 텐데 일찍 자는 게 좋겠어요.

2) ________________________________ 주말에만 하는 게 어때요?

3) ________________________________ 음식을 좀 더 준비할까요?

4) ________________________________ 이제 좀 쉬세요. 제가 운전할게요.

5) ________________________________ 어떻게 공부하면 좋을까요?

6) ________________________________ 직접 가져오지 말고 택배로 보내세요.

2. 보기 와 같이 대화를 완성하십시오.

보기

가: 친구의 공책에 물을 쏟았어요. 어떡하죠?

나: 친구 기분이 안 좋을 텐데 사과부터 하는 게 좋을 것 같아요.

1) 가: 이번 추석엔 바빠서 고향에 못 갈 것 같아요.

나: 부모님이 ______________________________.

2) 가: '어린이날'에 쉬는데 놀이공원에 갈래요?

나: 휴일이라서 ______________________________.

3) 가: 뛰다가 넘어져서 옷에 구멍이 나고 무릎이 까졌어요.

나: ______________________________.

4) 가: 엄마에게 거짓말을 하고 놀러 갔어요.

나: 어머니가 아시면 ______________________________.

5) 가: 우리 도서관에 가서 공부할래요?

나: 시험 기간이라서 지금 가면 ______________________________.

-ㄴ다는/는다는 것이

1. 보기 와 같이 대화를 완성하십시오.

보기

가: 옷값이 3만 5천 원인데 5천 원만 내셨는데요.

나: 아, 5만 원짜리를 낸다는 것이 5천 원짜리를 냈네요.

→

1) 가: 왜 이렇게 늦게 왔어요?

나: ____.

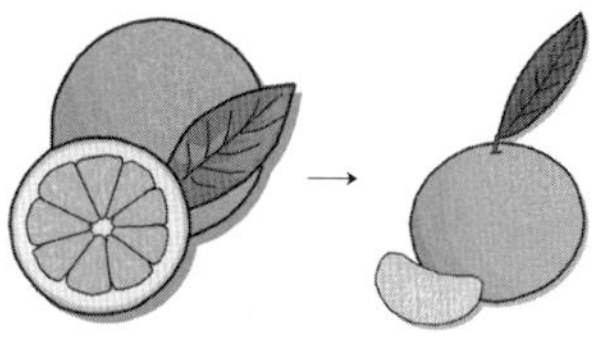

2) 가: 너 오렌지 사 온다고 하지 않았어?

나: 어, 잘못 사 왔네. ______________________________

____.

"안녕히 가세요."

→ "안녕하세요."

3) 가: 안녕하세요.

나: 우리 헤어지는데 왜 '안녕하세요.'라고 해요?

가: ____.

4) 가: 여보세요. 알렉세이 씨, 뭐 해요?

나: 저는 알렉세이가 아니고 주드인데요.

가: 미안해요. ________________________________.

5) 가: ____.

나: 하하, 저도 그런 적이 있어요.

6) 가: 정장에 운동화를 신으니까 좀 안 어울리는 것 같아요.

나: 아침에 정신이 없어서 ______________________________

____.

-았으면/었으면

1. 보기 와 같이 문장을 완성하십시오.

보기

공부를 열심히 하다 / 토픽 시험을 잘 보다

→ **공부를 열심히 했으면 토픽 시험을 잘 봤을 거예요.**

1) 길이 막히는 걸 알다 / ______________________

→ ____.

2) 남자 친구와 헤어지지 않다 / ______________________

→ ____.

3) 지갑을 잘 챙기다 / ______________________

→ ____.

3) 노래를 잘하다 / ______________________

→ ____.

4) ______________________ / 체중이 늘지 않다

→ ____.

5) ______________________ / 사고가 났을 때 많이 안 다치다

→ ____.

2. 보기 와 같이 대화를 완성하십시오.

> 보기
> 가: 반 친구들이 같이 여행을 갔다면서요? 왜 수민 씨는 안 갔어요?
>
> 나: 좀 바빠서요. 시간이 있었으면 저도 같이 여행을 갔을 거예요.

1) 가: 어쩌다가 상한 음식을 먹었어요?

나: 유통 기한을 못 봤어요. ________________.

2) 가: 한국의 문화를 몰라서 실수하는 경우가 많아요.

나: 저도 그래요. ________________.

3) 가: 간토야 씨, 동아리에 가입하고서 한국말이 많이 는 것 같아요.

나: 저도 그렇게 생각해요. 더 일찍 ________________.

4) 가: 불이 난 것을 빨리 발견해서 불을 껐어요.

나: 다행이네요. 늦게 ________________.

5) 가: 비자 연장에 문제가 있었다면서요? 어떻게 해결했어요?

나: 사무실 선생님이 도와주셨어요. ________________.

6) 가: 내일 친구들이랑 춘천에 가기로 했는데 너도 갈래? 예전에 가고 싶다고 했잖아.

나: 나 내일 약속이 있는데. 미리 말하지 그랬어. ________________.

듣기 어휘·표현

1. 알맞은 어휘를 골라 대화를 완성하십시오.

싸움	웃음	악수	사과	문화

간토야 처음 한국에 왔을 때 했던 실수들을 생각하면 지금도 1)____________이/가 나와요.

제프리 재미있는 일이 있었어요?

간토야 네, 예전에 버스 안에서 실수로 어떤 남자 발을 밟은 적이 있었는데, 그때 깜짝 놀라서 저도 모르게 그 사람 손을 잡았어요.

제프리 왜 손을 잡았어요?

간토야 몽골에서는 다른 사람의 발을 밟으면 2)______________을/를 하고 사과하거든요. 그렇지 않으면 3)____________이/가 날 수도 있어요.

제프리 4)____________이/가 달라서 생긴 일이었네요. 그래서 어떻게 했어요?

간토야 5)____________을/를 했는데도 그 남자가 저를 자꾸 쳐다보더라고요. 너무 창피해서 다음 정류장에서 바로 내렸어요.

2. 알맞은 어휘를 골라 문장을 완성하십시오.

낯설다	쫓아오다	돌아보다	쳐다보다

1) 외출하려고 집 밖으로 나왔는데 우리 집 강아지가 ______________았다/었다.

2) 뒤에서 누가 내 이름을 부르는 것 같아서 ______________(으)니까 뒤에 친구가 있었다.

3) 처음 한국에 왔을 때는 한국 생활이 ______________았지만/었지만 이제는 꽤 익숙해졌어요.

4) 식당에서 연예인과 닮은 사람이 있어서 ______________았는데/었는데 자세히 보니까 연예인이 아니었다.

읽기 어휘·표현

1. 알맞은 어휘를 골라 글을 완성하십시오.

장래	평소	후회	소망	기쁨

요즘 사람들 사이에서는 '버킷 리스트'(bucket list)'가 유행이다. '버킷 리스트'란 죽기 전에 꼭 해 보고 싶은 일들을 적은 1)__________ 목록이다. 버킷 리스트에는 크고 대단한 일만 포함되는 것은 아니다. '잊고 있던 사람들과 다시 연락하기', '피부 관리 받기'와 같이 2)__________에 하고 싶었던 작은 일이나, '작가 되기', '내 회사 경영하기' 같은 3)__________의 꿈까지 모두 버킷 리스트에 포함될 수 있다.

⋮

살면서 아무 4)__________ 없이 현재의 생활에 만족하는 사람은 거의 없을 것이다. 하지만 하고 싶은 일을 하나씩 이루어 나가는 5)__________이/가 있다면 우리 생활이 훨씬 더 행복하지 않을까?

2. 알맞은 어휘를 골라 문장을 완성하십시오.

포함되다	실행하다	깨닫다	뒤돌아보다

1) 하고 싶은 일에 대한 목록을 만들고 이를 하나씩 __________아/어 나간다면 삶의 의미를 찾을 수 있을 것이다.

2) 이 영화는 '우리가 인생에서 가장 많이 후회하는 것은 살면서 한 일들이 아니고 하지 않은 일들'이라는 것을 __________게 해 준다.

3) 나중에 인생을 __________(으)ㄹ 때 후회하지 않도록 열심히 살려고 한다.

4) 내 버킷 리스트에는 내가 좋아하는 가수와 같이 사진 찍는 것이 __________아/어 있다.

종합 문제 (09~16과)

어휘·표현

※ [1-5] 빈칸에 알맞은 어휘를 고르십시오.

01

친구에게 ________을/를 얘기한 뒤로 그 친구와 관계가 나빠졌다.

① 불만 ② 고백 ③ 진로 ④ 장점

02

나는 잘 웃어서 그런지 ________이/가 좋다는 말을 많이 듣는 편이다.

① 체격 ② 인상 ③ 외모 ④ 자신감

03

입학 서류를 제출하기 전에 다시 한번 ________게 확인하는 것이 좋다.

① 적당하다 ② 꼼꼼하다 ③ 솔직하다 ④ 자상하다

04

어렸을 때 수영하다가 물에 ________(으)ㄴ 적이 있어서 아직도 물이 무섭다.

① 빠지다 ② 넘어지다 ③ 떨어지다 ④ 미끄러지다

05

밥을 먹고 계산을 하려고 했는데 지갑이 없어서 ________았다/었다.

① 후회하다 ② 실망하다 ③ 당황하다 ④ 속상하다

※ [6-12] 빈칸에 들어갈 수 없는 것을 고르십시오.

06

가: 지선 씨, 이거 잘못된 것 같은데요?
나: 죄송합니다. 제가 ________ 실수를 했네요.

① 헷갈려서 ② 착각해서
③ 창피해서 ④ 익숙하지 않아서

07

가: 여행 준비는 다 했어요? 좋겠어요.
나: 해외여행이 처음이라서 많이 ________.
잘 다녀올게요.

① 설레요 ② 긴장돼요
③ 답답해요 ④ 기대돼요

08

가: 장핑 씨, 대학교 수업은 좀 어때요?
나: 쉽지 않네요. 한국어로 ________ 정말 어려운 것 같아요.

① 강의를 듣는 게 ② 과제를 하는 게
③ 토론을 하는 게 ④ 서류를 제출하는 게

09

가: 투이 씨, 위험해요!
길을 건널 때는 ________.
나: 네. 앞으로 조심할게요.

① 좌우를 살펴야지요 ② 신호를 지켜야지요
③ 횡단보도로 건너야지요 ④ 손잡이를 꼭 잡아야지요

10

가: 전공을 선택하려고 하는데 어떤 것을 공부하는 게 좋을지 결정하기 어려워요.
나: 그럼 ______________________.

① 선생님과 상담해 보세요
② 선생님과 추천해 보세요
③ 선생님께 조언을 구해 보세요
④ 선생님께 조언을 들어 보세요

※ [11–12] 다음 중 관계가 <u>다른</u> 것을 고르십시오.

11

① 유창하다 – 서투르다　② 안전하다 – 위험하다
③ 발생하다 – 생기다　④ 독특하다 – 평범하다

12

① 조용하다 – 내성적이다　② 귀가 얇다 – 고집이 세다
③ 활발하다 – 사교적이다　④ 재미있다 – 유머 감각이 있다

※ [13–17] 빈칸에 공통으로 들어갈 수 있는 어휘를 고르십시오.

13

- 겨울에는 건조해서 불이 ________기 쉬우니까 특히 더 조심해야 한다.
- 계단에서 넘어졌다면서요? 정말 큰일 ________(으)ㄹ 뻔 했네요.

① 되다　② 있다　③ 나다　④ 나오다

14

- 좋아하는 여자에게 고백을 했는데 거절을 ________았다/었다.
- 알렉세이 씨가 교통사고를 ________아서/어서 병원에 입원했다.

① 하다　② 되다　③ 받다　④ 당하다

15

- 바쁜데 시간 ________아/어 줘서 고마워요.
- 오늘 카오루 씨가 한턱________ㄴ다고/는다고 하니까 퇴근하고 같이 갑시다.

① 내다　② 하다　③ 주다　④ 지키다

문법

※ [16–20] 빈칸에 알맞은 표현을 고르십시오.

16

가: 주말에 뭐 할까?
나: 요즘 '신과 함께'라는 영화가 ________ 보러 가자.

① 재미있도록　② 재미있다니까
③ 재미있을까 봐　④ 재미있었으면

17

가: 왜 늦었어요? 무슨 일이 있었어요?
나: 버스를 잘못 ________ 늦었어요. 기다리게 해서 미안해요.

① 타다니　② 탈 텐데　③ 타느라고　④ 타는 바람에

18

가: 내일 복습 시험 있는 거 알지요?
나: 그럼요. 벌써 다 ____________.

① 공부했나 봐요　② 공부해 놓았어요
③ 공부할 뻔했어요　④ 공부하도록 하세요

19

가: 요즘 고향 날씨는 어때요? 한국만큼 더워요?
나: 지방________ 달라요. 남부 지방은 많이 더운데, 북부 지방은 별로 안 더워요.

① 에 따라　② 만 해도　③ 을/를 통해　④ (으)로 인해

20

가: 이번 방학에 고향에 갈 거예요?
나: 방학 동안 할 일이 많긴 한데 잠깐______ 갔다 오려고 해요.

① 만큼 ② 만에 ③ (이)라도 ④ 와/과 달리

※ [21-22] 보기 에서 알맞은 것을 골라 문장을 완성하십시오. 문법은 한 번만 사용하십시오.

21

보기 (으)로 인해 을/를 통해 와/과 달리

여러분은 SNS를 어떻게 사용하고 계십니까?

1)______(예전)______ 요즘에는 SNS를 사용하는 사람들이 정말 많습니다. 사람들은 2)______(SNS)______ 정보를 얻기도 하고 멀리 있는 친구들과 연락을 하기도 합니다. 그렇지만 지나친 SNS 3)______(사용)______ 시간을 낭비하거나 주위 사람들에게 소홀해지는 문제도 생기고 있습니다. 따라서 SNS는 필요한 때에 적당하게 사용하는 것이 좋다고 생각합니다.

22

보기 -(으)ㄹ까 봐 -았으면/었으면 -아/어 가지고 -아하다/어하다 -아/어 달라고/주라고 하다

나는 한국에 오기 전에 한국에서 생활하는 것이 1)______(어렵다)______ 걱정을 많이 했다. 한국에 처음 왔을 때는 한국말이 서툴러서 한국 생활이 많이 힘들었다. 그렇지만 한국에서 만난 좋은 친구 덕분에 학교 생활에 빨리 익숙해지고 즐거운 유학 생활을 할 수 있게 되었다. 그 친구는 나에게 기쁜 일이 있으면 함께 기뻐해 주고 슬픈 일이 있으면 함께 2)______(슬프다)______아/어 준다. 또 혼자 하기 어려운 일이 있을 때 그 친구에게 3)______(돕다)______(으)면 언제든지 나를 도와준다. 내가 만약 한국에 4)______(오지 않다)______ 이렇게 좋은 친구를 만나지 못했을 것이다. 내일은 그 친구의 생일이다. 고마운 친구에게 생일 케이크를 직접 5)______(만들다)______ 선물해야겠다.

※ [23-28] 보기 에서 알맞은 것을 골라 문장을 완성하십시오. 문법은 한 번만 사용하십시오.

보기 -(으)ㄹ 텐데 -도록 -ㄴ다는/는다는 것이 -기는요 -(으)ㄹ 뻔하다 -ㄴ다면/는다면

23

가: 발표 준비는 다 했어요?

나: ______________. 아직 시작도 못 했어요.

24

가: 학생 식당에 밥 먹으러 가자.

나: 지금은 점심시간이라서 식당에 사람이 ______________ 좀 이따가 가는 게 어때?

25

가: 만약 한 달 동안 ______________ 어떤 나라에 가 보고 싶어요?

나: 저는 프랑스에 가서 유명한 미술관을 모두 둘러보고 싶어요.

26

가: 눈이 와서 길이 많이 미끄러워요. ______________ 조심하세요.

나: 네. 조심할게요.

27

가: 이리나 씨, 토픽 시험은 신청했지요?

나: 어머! 카오루 씨가 이야기해 주지 않았으면

______________았어요/었어요.

28

가: 바트 씨, 왜 2급 책을 가지고 왔어요?

나: 아침에 서두르다가 ______________ 2급 책을 가지고 왔네요.

※ [29-35] 다음의 문법을 사용하여 문장을 완성하십시오.

29

가: 길이 왜 이렇게 막히지요? 이러다가 약속 시간에 늦겠어요.

나: 그러게요. ______________(으)ㄹ 걸 그랬어요.

30

가: 아까 보니까 알렉세이 씨가 마키 씨한테 꽃을 선물하더라고요.

나: ______________

나/(으)ㄴ가 봐요.

31

가: 어렸을 때 부모님이 뭘 못 하게 하셨어요?

나: ______________

게 하셨어요.

32

가: 주말에 보통 뭘 하면서 시간을 보내세요?

나: ______________기도 하고

______________기도 해요.

33

가: 고향에 있을 때 어디에 자주 갔어요?

나: ______________던

______________.

34

가: 인생에서 무엇이 제일 중요하다고 생각하세요?

나: ______________만큼

______________.

35

가: 한국에 오기 전과 지금은 무엇이 달라졌어요?

나: ______________만 해도

______________.

※ [36] 보기 와 같이 대화를 완성하십시오.

보기

가: 장핑 씨, 사무실에는 무슨 일로 왔어요?

나: **대학교 입학을 준비하려고 하는데**
(대학교 입학 / 준비하다 / 모르는 것 / 많다)
모르는 것이 많아서요.

1)

가: 투이야, 네 남자 친구는 어때?

나: ______________________________

______________________________.
(자상하다 / 잘 챙겨 주다 / 항상 / 나 / 웃다)

2)

가: 한글날은 어떤 날이에요?

나: ______________________________

______________________________.
(세종 대왕 / 한글 / 만들다 / 기념하다 / 날이다)

3)

가: 투이 씨, 룸메이트에게 이야기해 봤어요?

나: 아니요, 못 했어요.

____

______________________________.
(룸메이트 / 불만 / 이야기하다 / 사이 / 나빠지다 / 걱정이다)

4)

가: 그 소식 들었어?

____

______________________________.
(미나랑 카오루 / 사귀다 / 6개월 / 결혼하다)

나: 나도 그 소식 듣고 깜짝 놀랐어.

5)

가: 저, 미안한데 노트북 좀 빌려줄 수 있어?

나: 어떡하지?

____

______________________________.

(나 / 아직 / 다 못하다 / 노트북 / 빌려주다 / 어렵다)

6)

가: 어제 무슨 사고가 있었어요?

나: ______________________________

______________________________.

(건물 승강기 / 갑자기 / 멈추다 / 그 안 / 갇히다)

7)

가: 왜 이번 방학에 고향에 못 가게 됐어요?

나: ______________________________

______________________________.

(시험 / 준비하다 / 정신이 없다 / 비행기 표 / 예매하다 / 깜박하다)

※ [37] 보기 와 같이 문장에서 틀린 부분을 맞게 고쳐 쓰십시오.

> 보기
>
> 제프리 씨는 학교에서 집까지 멀는데도 걸어서 다녀요.
>
> → 먼데도

1) 이 노래는 제가 고등학생 때 자주 듣는 노래인데, 한번 들어 볼래요?

→ ______________________________

2) 이 가방이 3천만 원이라고요? 자동차처럼 비싸네요.

→ ______________________________

3) 마키 씨, 진짜 잘 먹네요. 혼자서 짜장면을 다섯 그릇이나 먹는다니 믿을 수 없어요.

→ ______________________________

4) 손이 더러우면 병에 걸리기 쉬우니까 항상 손을 깨끗하도록 하세요.

→ ______________________________

5) 열심히 공부했으면 4급에 갈 수 있을 거예요.

→ ______________________________

모범 답안

1과 학교생활 1

어휘·표현

1. 1) 반갑다 2) 다행이다
   3) 궁금하다 4) 어색하다
   5) 긴장되다
2. 1) 개강일이 2) 수료식이
   3) 중간시험은 4) 서류를
3. 1) 물어보세요 2) 필기하는
   3) 참여해 4) 확인했어요

-아야/어야

1. 1) 일이 다 끝나야 2) 자막을 봐야
   3) 시험이 끝나야 4) 푹 쉬어야
   5) 맵지 않아야 6) 이야기해야
2. (예시 답안)
   1) 사무실에 이야기해야
   2) 운동해야
   3) 미안하다고 말해야
   4) 한국 음악을 자주 듣거나 한국 드라마를 자주 봐야
   5) 그 나라의 문화에 대해 알아야

-는데도/(으)ㄴ데도

1. 1) 장핑은 공부를 열심히 하는데도 성적이 좋지 않아요
   2) 마키는 잘못했는데도 사과를 하지 않아요
   3) 형은 돈을 잘 버는데도 잘 쓰지 않아요
   4) 동생은 힘든 일이 많은데도 언제나 웃어요
   5) 바트는 음식을 많이 먹는데도 살이 찌지 않아요
   6) 투이는 비가 오는데도 우산을 안 써요
2. (예시 답안)
   1) 날씬한데도 2) 비싼데도
   3) 바쁜데도 4) 잘 모르는데도
   5) 걱정이 되는데도 6) 연락을 받았는데도

-(으)ㄹ걸요

1. (예시 답안)
   1) 없을걸요
   2) 출발할 수 있을걸요
   3) 구경할 수 있을걸요
   4) 춥지 않을걸요
   5) 힘들걸요
2. 1) 금방 새 친구가 생길걸요
   2) 매일 연락할 수 있을걸요
   3) 금방 익숙해질걸요
   4) 금방 잘하게 될걸요
   5) 사람들한테 물어보면 될걸요
   6) 한국에서도 할 수 있을걸요

-자마자

1. 1) 마시자마자 2) 주문하자마자
   3) 끝나자마자 4) 퇴원하자마자
   5) 식사하자마자
2. (예시 답안)
   1) 집에 가자마자
   2) 쉬는 시간이 되자마자
   3) 사진을 찍자마자
   4) 일이 끝나자마자
   5) 버스에서 내리자마자
   6) 집에 가자마자 잤어요. 너무 피곤했거든요

듣기 어휘·표현

1. 1) 통학 버스를, 통학 버스가 2) 얼마
   3) 물론 4) 횡단보도를
2. 1) 정보를 2) 무료로
   3) 작성해 4) 건너편으로

읽기 어휘·표현

1. 1) 분위기가 2) 밝은
   3) 첫인상이 4) 게을러진

5) 다짐했다

2. 1) 먼저 　　2) 앞으로
3) 아직 　　4) 새

2과 일상생활

어휘·표현

1. 1) 머리를 감다 　　2) 드라이하다
3) 파마하다 　　4) 염색하다
5) 앞머리를 다듬다

2. 1) 문의했다 　　2) 안내해
3) 이용할 　　4) 등록하고

3. 1) 저렴한 　　2) 수다를 떨었어요
3) 독특한 　　4) 편안한
5) 체험할

-더라고요

1. 1) 도서관에 가니까 공부하는 학생이 많더라고요
2) 자기 전에 커피를 마시니까 잠이 안 오더라고요
3) 노래방에서 실컷 노래를 부르니까 스트레스가 풀리더라고요
4) 비싼 화장품을 사니까 사은품을 주더라고요
5) 공연장에 늦게 도착하니까 공연이 벌써 다 끝났더라고요
6) 주말에 회사에 가니까 사무실에 아무도 없더라고요

2. (예시 답안)
1) 바다가 정말 아름답더라고요
2) 좋아하는 가수를 직접 보니까 너무 행복하더라고요
3) 야경이 정말 멋있더라고요
4) 행복해 보이더라고요
5) 안 계시더라고요
6) 친구들이 많이 왔더라고요

-고서

1. 1) 동생이 텔레비전을 끄고서 잠을 자러 방으로 들어갔어요
2) 감기에 걸리지 않으려면 항상 손을 씻고서 음식을 먹어야 해요
3) 컵라면에 뜨거운 물을 붓고서 3분만 기다리세요
4) 염색한 머리는 찬물로 감고서 찬 바람으로 말리는 게 좋아요

2. 1) 슬픈 영화를 보고서
2) 상한 음식을 먹고서
3) 남자 친구를 사귀고서
4) 동아리에 들고서
5) 노래 대회에서 1등을 하고서

-(으)ㄹ까 하다

1.
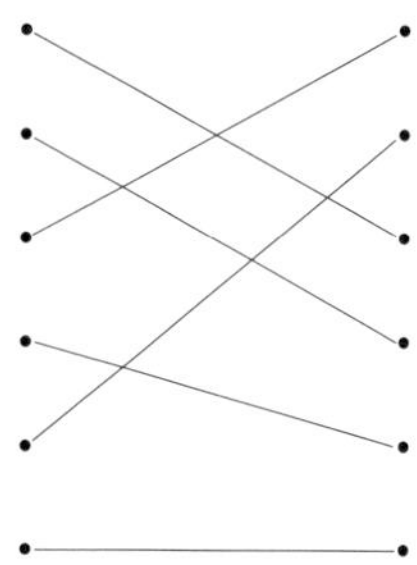

1) 친구와 같이 등록할까 하는데 할인이 되나요?
2) 토요일에 영화를 볼까 하는데 같이 보러 갈래요?
3) 머리를 짧게 자를까 하는데 저한테 잘 어울릴까요?
4) 어머니께 향수를 사 드릴까 하는데 좋아하실지 모르겠어요.
5) 심심해서 책을 읽을까 하는데 좋은 책 좀 추천해 주세요.
6) 해외여행을 갈까 하는데 어느 나라에 가면 좋을지 모르겠어요.

2. 1) 살까 해 　　2) 이사할까 해
3) 불고기를 만들까 해 　　4) 다음에 신청할까 해요
5) 좀 걸을까 해요

-는 대신에

1. 1) 밥 대신에 죽을
2) 강아지 카페 대신에 고양이 카페에
3) 테니스 대신에 요가를

4) 저 대신에

5) 메시지를 보내는 대신에 전화하세요

2. (예시 답안)

1) 농구하는 대신에 영화 보러 가는 게 어때요? 오늘은 날씨가 좀 추워요.

2) 놀이공원에 가는 대신에 가까운 극장에 가는 게 어때요? 주말에는 사람이 너무 많아요.

3) 꽃을 사는 대신에 과일을 사는 게 어때요? 꽃을 가지고 갈 수 없는 병원도 많거든요.

4) 파마를 하는 대신에 염색을 하는 게 어때요? 밝은색 머리가 유행이라고 해요.

5) 단 음식을 먹는 대신에 운동을 해 보는 게 어때요? 단 음식을 많이 먹으면 건강에 안 좋아요.

듣기 어휘·표현

1. 1) 이용료는 2) 사은품으로
3) 운동 기구를 4) 무료로
5) 선착순으로

2. 1) 특히 2) 혹시
3) 따로

읽기 어휘·표현

1. 1) 즐기고 2) 추천한다
3) 복잡한 4) 원하는
5) 지친

2. 1) 장난을 치면 2) 키운
3) 시간을 보내요 4) 데리고 갈

3과 집

어휘·표현

1. 1) 부엌에 2) 현관은
3) 침실에는 4) 서재에는
5) 거실은

2. 1) 주변에 2) 방음이
3) 수돗물이 4) 설거지를
5) 시설이

3. 1) 둘러보다 2) 계약하다
3) 옮기다 4) 정리하다

4. 1) 구하러 2) 월세도
3) 계약서를 4) 보증금

-아/어 가지고[1]

1. 1) 요즘 시험 때문에 바빠 가지고 친구들을 못 만났어요
2) 가방이 너무 비싸 가지고 못 샀어요
3) 잠을 잘 못 자 가지고 머리가 아파요
4) 가방에 책이 너무 많아 가지고 무거워요
5) 친구하고 싸워 가지고 말을 안 하고 있어요
6) 날씨가 너무 더워 가지고 에어컨을 켜고 잤어요

2. 1) 타 가지고
2) 졸려 가지고
3) 바빠 가지고
(예시 답안)
4) 월세가 비싸 가지고 이사하려고 해요
5) 늦어 가지고 택시를 탔어요
6) 그 친구가 나쁜 말을 해 가지고 싸웠어요

만 못하다

1. 1) 시설은 원룸이 기숙사만 못해요
2) 한국어 시험 성적은 이리나가 토마스만 못해요
3) 만두는 언니가 만드는 것이 내가 만드는 것만 못해요
4) 디자인은 이 옷이 저 옷만 못해요
5) 서비스는 시장이 마트만 못해요
6) 메뉴는 기숙사 식당이 학생 식당만 못해요

2. 1) 집에서 만드는 것만 못해요
2) 손으로 빠는 것만 못해요
3) 입어 보고 사는 것만 못해요
4) 책으로 읽는 것만 못해요
5) 밖에서 달리는 것만 못해요
(예시 답안)

6) 예전 집만 못해요

–잖아요

1. 1) 성격이 좋잖아요
   2) 시험 기간이잖아요
   3) 어제 배웠잖아요
   4) 음식이 맛있잖아요
   5) 출근 시간이잖아요
   6) 열심히 공부했잖아요
2. (예시 답안)
   1) 그 가수가 인기가 많잖아요
   2) 날씨가 춥잖아요
   3) 학교 행사가 있잖아요
   4) 다음 주에 시험을 보잖아요
   5) 그 가수가 노래도 잘하고 춤도 잘 추잖아요

–(으)며

1. 1) 이 제품은 디자인이 아름다우며 기능 또한 훌륭하다
   2) 한옥은 자연에서 얻은 재료로 지으며 색깔과 모양이 한국의 자연과 잘 어울린다
   3) 중국은 동아시아에 있으며 수도는 베이징이다
   4) 한옥은 여름에는 시원하며 겨울에는 따뜻하다
   5) 도서관에서는 책을 빌릴 수 있으며 컴퓨터도 이용할 수 있다
2. 1) 기숙사는 학교 안에 있고 안전하며 시설이 좋다
   2) 그 카페는 메뉴가 독특하고 저렴하며 분위기가 좋다
   3) 남산 한옥 마을은 남산에서 가깝고 여러 종류의 한옥을 구경할 수 있으며 전통문화도 체험할 수 있다

듣기 어휘·표현

1. 1) 집들이를 　2) 휴지처럼
   3) 거품이 　4) 의미를
   5) 맨발로
2. 1) 풀리면 　2) 초대해서
   3) 나서 　4) 신는
   5) 맞히지

읽기 어휘·표현

1. 1) 체험하는 　2) 대접하거나
   3) 키웠다 　4) 어울리고
   5) 지으며
2. 1) 멋을 　2) 재료로
   3) 자연을 　4) 여유가
   5) 자녀가

4과 문제 해결

어휘·표현

1. 1) 배터리 – 이/가 닳다
   2) 화면 – 이/가 나오다
   3) 전원 – 을/를 끄다
2. 1) 사용 설명서를 　2) 서비스 센터에
   3) 충전이 　4) 설정을
3. 1) 고장이 　2) 요청
   3) 이상이 　4) 수리를
4. 1) 교체해 　2) 구매하면
   3) 고칠 　4) 배송되는지

피동[1] (–이/히/리/기–)

1.

–이–		–히–		–리–		–기–	
보다	보이다	닫다	닫히다	열다	열리다	안다	안기다
쌓다	쌓이다	잡다	잡히다	팔다	팔리다	끊다	끊기다
놓다	놓이다	찍다	찍히다	걸다	걸리다	쫓다	쫓기다
바꾸다	바뀌다			물다	물리다		
잠그다	잠기다			듣다	들리다		

2. 1) 창문이 열렸어요
   2) 전화가 끊겼어요
   3) 문이 잠겼어요
   4) 영화표가 다 팔렸어요
   5) 도서관 문이 닫혔어요
   6) 아기가 엄마에게 안겼어요

7) 도둑이 경찰에게 잡혔어요

8) 아기가 개에게 물렸어요

3. 1) 시원해 보이는 옷이 많이 팔려요

2) 회의 시간이 바뀐

3) 싸우는 소리가 크게 들려서

4) 창문이 닫혔어요

피동[2] (-아지다/어지다)

1.

쏟다	쏟아지다	지우다	지워지다
끄다	꺼지다	찢다	찢어지다
켜다	켜지다	깨다	깨지다
끊다	끊어지다	누르다	눌러지다

2. 1) 끊어졌어요　　2) 깨졌어요

3) 꺼졌어요　　4) 찢어져서

5) 쏟아졌으니까　　6) 지워졌어요

3. 1) 깨지는　　2) 쏟아질

3) 지워져서

(이)라서

1. 1) 내일부터 방학이라서 수업이 없어요

2) 한국 사람이 아니라서 한국 문화에 대해서 잘 몰라요

3) 늦은 시간이라서 지하철이 끊겼어요

4) 저는 외아들이라서 부모님의 사랑을 많이 받고 자랐어요

5) 제주도는 아름다운 섬이라서 많은 관광객이 찾는다고 해요

2. 1) 개교기념일이라서

2) 주말이라서

3) 할머니 생신이라서

4) 연휴 기간이라서

5) 장마라서

-아/어 있다

1. 1) 앉아 있었어요

2) 들어 있는

3) 남아 있어요

4) 붙어 있었는데

5) 서 있지

6) 누워 있으니까

2. 1) 책상 위에 노트북이 놓여 있다

2) 침대 위에 강아지가 앉아 있다

3) 컵이 깨져 있다

4) 물이 쏟아져 있다

5) 책이 쌓여 있다

6) 벽에 옷이 걸려 있다

듣기 어휘·표현

1. 1) 배송하려고 하는데

2) 수업 중이라서

3) 와 주시면 안 될까요

4) 받아도 될까요

2. 1) 직접　　2) 본인

3) 그냥　　4) 근처에는

5) 방문을

읽기 어휘·표현

1. 1) 이상하네　　2) 답답하겠어요

3) 가능할까요　　4) 잘못된

2. 1) 거의　　2) 미리

3) 당장

5과 여가

어휘·표현

1.

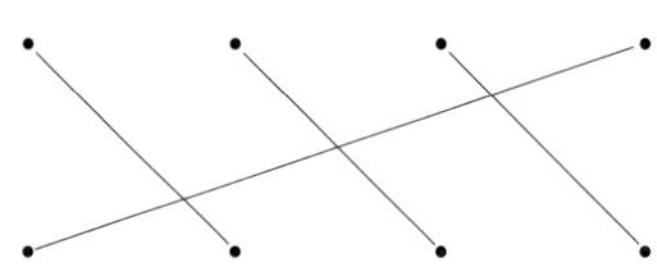

1) 취미는　　2) 전시회를

3) 관광을　　4) 맛집을

2. 1) 지루했어요　　2) 여유롭게

3) 반납해　　4) 활기차게

3. 1) 입장료가 2) 숙박 시설은

3) 국립 공원은 4) 캠핑장에

5) 체크아웃

-(으)ㄹ 만하다

1. 1) 정말 볼 만해요
   2) 정말 갈 만해요
   3) 정말 먹을 만해요
   4) 정말 배울 만해요
   5) 정말 구경할 만해요

2. (예시 답안)
   1) '도깨비'라는 드라마가 재미있고 정말 볼 만해요
   2) 떡볶이가 맵고 맛있어서 정말 먹을 만해요
   3) 『한국 문화』라는 책이 내용이 흥미로워서 읽을 만해요
   4) 설악산이 경치가 아름다워서 갈 만해요
   5) 인천이 가깝고 바다도 있어서 갈 만해요

-던데

1. 1) 바트 씨가 교실에 없던데 어디 갔는지 알아요?
   2) 밖에 날씨가 춥던데 옷을 따뜻하게 입고 나가세요.
   3) 이리나 씨가 많이 아프던데 약을 먹었는지 모르겠어요.
   4) 집 근처에 한식집이 새로 생겼던데 같이 밥 먹으러 갈래요?
   5) 너한테는 밝은 색이 잘 어울리던데 노란색 티셔츠를 한번 입어 봐.

2. 1) 단발머리가 유행하던데
   2) 캠핑장에 가니까 재미있던데
   3) 민유 씨가 모자를 좋아하던데
   4) 카페가 조용하던데 카페에서 공부하세요
   5) 제프리 씨가 사진을 잘 찍던데 제프리 씨한테 부탁해 보세요

-ㄴ다면서요/는다면서요?

1. 1) 조조 영화는 요금이 싸다면서요
   2) 한국 사람은 커피를 많이 마신다면서요
   3) 제프리 씨는 사진 찍는 것이 취미라면서요
   4) 압둘라가 지갑을 잃어버렸다면서
   5) 옛날에는 남녀가 따로 생활했다면서요

2. 1) 몽골 텐트가 있다면서요
   2) 그 미용실 요금이 비싸다면서요
   3) 사람이 많다면서요
   4) 밤에만 열린다면서요
   5) 장핑 씨가 요리사라면서요
   6) 상을 받았다면서요

-았던/었던

1. 1) 이 곰 인형은 어렸을 때 부모님이 사 주셨던 인형이다
   2) 이 손거울은 고향에 있을 때 샀던 거울이다
   3) 이 책은 고등학생 때 읽었던 책이다
   4) 이 공원은 남편한테 첫 고백을 받았던 곳이다
   5) 이 사람은 지난번에 차 동아리 모임에서 한 번 만났던 사람이다

2. (예시 답안)
   1) 제일 처음 갔던 곳은 명동이에요
   2) 처음 봤던 한국 영화는 '신과 함께'예요
   3) 부모님께 처음 드렸던 선물은 화장품이에요
   4) 가장 마음에 들었던 선물은 핸드폰 케이스예요
   5) 제일 맛있었던 음식은 불고기예요

듣기 어휘·표현

1. 1) 적당한 2) 장비가

   3) 구입하실 4) 대형을

2. 1) 안전사고 2) 당

   3) 본인이 4) 인원수에

읽기 어휘·표현

1. 1) 터질 2) 관람했어요

   3) 활동할 4) 잠들지

2. 1) 열린다고 2) 부린다고

   3) 지었다 4) 시간 가는

6과 건강

어휘·표현

1. 1) 체중 관리를 2) 흡연
   3) 불면증이 4) 과식을
2. 1) 규칙적으로 2) 꾸준히
   3) 골고루
3. 1) 챙겨 2) 설치는
   3) 거른다 4) 취하는
4. 1) 바르지 2) 고치는
   3) 똑바로

-았더니/었더니

1. 1) 초콜릿을 많이 먹었더니
   2) 아픈 친구를 돌봐 주었더니
   3) 아이들을 놀이공원에 데려왔더니
   4) 운동 후에 샤워했더니
   5) 담배를 끊었더니
   6) 등산을 오래 했더니
2. (예시 답안)
   1) 아침을 늦게 먹었더니
   2) 좋은 일을 했더니 기분이 좋아요
   3) 걸었더니 다리가 아파요
   4) 노래방에 갔다 왔더니 스트레스가 풀렸어요
   5) 어제 늦게 잤더니 좀 피곤해요
   6) 오랜만에 대청소를 했더니 방이 깨끗해졌어요

-아야지요/어야지요

1. 1) 과제를 미리미리 해야지
   2) 돈을 아껴 써야지요
   3) 적당히 운동을 해야지요
   4) 술을 조금만 마셔야지요
   5) 건강에 좋은 음식을 먹어야지요
   6) 늦으면 전화를 해야지요
2. (예시 답안)
   1) 자주 연락을 드려야지요, 부모님이 걱정하실 거예요
   2) 게임을 조금만 해야지, 시력이 나빠질 거야
   3) 힘들어도 학교에 가야지, 출석률이 나빠질 거야
   4) 운동을 같이 해야지요, 살이 잘 안 빠질 거예요
   5) 빨리 예매해야지요, 표를 구하기 힘들 거예요
   6) 양치질을 꼭 해야지요, 충치가 생길 거예요

-다 보면

1. 1) 한국에서 계속 살다 보면 한국 문화에 익숙해질 거예요
   2) 취미 활동을 하다 보면 하루하루가 즐거울 거예요
   3) 댄스 연습을 꾸준히 하다 보면 가수처럼 춤을 잘 추게 될 거예요
   4) 한국 사람과 자주 얘기하다 보면 한국말에 자신감이 생길 거예요
   5) 그 노래를 몇 번 듣다 보면 가사를 금방 외우게 될 거예요
2. (예시 답안)
   1) 꾸준히 스트레칭을 하다 보면 통증이 줄어들 거예요
   2) 맛있는 음식을 먹다 보면 기분이 좋아져요
   3) 연습을 하다 보면 자신감이 생길 거예요
   4) 조금씩 정리하다 보면 다 정리할 수 있을 거예요
   5) 부모님과 얘기하다 보면 고민이 해결돼요
   6) 계속 읽다 보면 재미있을 거예요

-곤 하다

1. 1) 비 오는 날에 한국 사람들은 파전과 막걸리를 먹곤 한다
   2) 기분이 좋으실 때 우리 아빠는 용돈을 주시곤 한다
   3) 어렸을 때 눈이 오면 나와 친구들은 눈사람을 만들곤 했다
   4) 내 생일에 나는 친구들과 파티를 하곤 한다
   5) 어렸을 때 용돈을 받으면 나는 저축하곤 했다
2. (예시 답안)
   1) 학창 시절 이야기를 하곤 해요
   2) 라면을 끓여 먹곤 해요

3) 찜질방에 가곤 해요

4) 간단하게 즉석식품을 사 먹곤 해요

5) 친구 집에 가서 게임을 하곤 했어요

6) 친구들과 파티를 하곤 했어요

듣기 어휘·표현

1. 1) 혈액 순환이　　2) 전환에도
   3) 긍정적인　　4) 튼튼이
2. 1) 가볍게　　2) 도움이 된다
   3) 의미 있게　　4) 실천하세요

읽기 어휘·표현

1. 1) 평일에　　2) 야근을
   3) 스트레스를　　4) 영양제를
   5) 여가 시간에는
2. 1) 평소에　　2) 인생에서
   3) 푸는　　4) 어울리는
   5) 휴식이

7과 날씨

어휘·표현

1. 1) 꽃샘추위가　　2) 한파가
   3) 폭우로　　4) 일교차가
   5) 건조해서
2. 1) 무더위가　　2) 장마가
   3) 태풍이　　4) 단풍이
   5) 찬 바람이　　6) 잎이
3. 1) 영상　　2) 최저 기온은
   3) 안개가　　4) 경기도
   5) 남부 지방에

-게[2]

1. 1) 배운 문법을 잊어버리지 않게 복습을 꼭 하세요
   2) 말하기 속도가 빨라지게 듣고 따라 하는 연습을 하세요
   3) 단어를 빨리 외우게 여러 번 써 보세요
   4) 한국 사람과 자주 이야기할 수 있게 동아리에 가입해 보세요
   5) 한국 문화를 이해할 수 있게 한국 드라마나 영화를 많이 보세요
   6) 발음을 연습할 때 입 모양을 볼 수 있게 거울을 보면서 연습하세요
2. (예시 답안)
   1) 책 사게　　2) 낫게
   3) 춥지 않게　　4) 부족하지 않게
   5) 일어나지 않게　　6) 미끄러지지 않게

-든지 -든지 하다

1. (예시 답안)
   1) 길을 모를 때는 지도를 보든지 지나가는 사람에게 물어보든지 하세요
   2) 밤늦게 배가 고플 때는 우유를 마시든지 간단한 음식을 먹든지 하세요
   3) 약속을 지키기 어려울 때는 약속을 미루든지 취소하든지 하세요
   4) 컴퓨터가 고장 났을 때는 설명서를 읽어 보든지 서비스 센터에 맡기든지 하세요
   5) 공부하는데 졸릴 때는 스트레칭을 하든지 커피를 마시든지 하세요
   6) 목이 아플 때는 따뜻한 물을 마시든지 차를 마시든지 하세요
2. (예시 답안)
   1) 내가 편의점에 가서 사 오든지 옆방 친구에게 물어보든지 할까
   2) 비싼 표를 사든지 다음 방학에 가든지 해야
   3) 커피를 사든지 밥을 사든지 해
   4) 앞머리를 자르든지 염색을 하든지 해 봐
   5) 식사량을 줄이든지 운동을 하든지

-기 바라다

1. 1) 조용히 해 주시기 바랍니다

2) 흡연하시기 바랍니다

3) 말씀해 주시기 바랍니다

4) 전원을 꺼 주시기 바랍니다

5) 따로 버리시기 바랍니다

6) 열심히 일하기 바랍니다

2. 1) 좋은 일만 생기기 바란다

2) 시험 잘 보기 바랄게

3) 행복하게 살기 바랄게

4) 소원이 이루어지기 바랄게

5) 빨리 찾기 바랄게

6) 이번에는 성공하기 바랄게

에 의하면

1. 1) 사용 설명서에 의하면 한 번 충전으로 네 시간 정도 사용이 가능하다고 합니다

2) 의학 전문가에 의하면 에어컨 때문에 냉방병 환자가 늘고 있다고 합니다

3) 설문 조사에 의하면 외국 사람들이 제일 좋아하는 한식은 불고기라고 합니다

4) 여행 잡지 기사에 의하면 전주에서는 콩나물 국밥을 꼭 먹어 봐야 한다고 합니다

5) 정부 발표에 의하면 다음 달부터 버스 요금이 오를 것이라고 합니다

6) 회사 설명에 의하면 이번에 나온 제품에는 새로운 기술이 사용되었다고 합니다

2. 1) 신문 기사에 의하면 한국으로 유학 오는 학생들이 많아졌다고 해요

2) 버스 정보 시스템에 의하면 10분 뒤에 도착한다고 해요

3) 선생님 말씀에 의하면 중간시험과 비슷할 것이라고 해요

4) 일기 예보에 의하면 주말에 맑고 따뜻하다고 해요

5) 항공사 직원의 말에 의하면 바람이 강하게 불어서 그렇다고 해요

6) 할아버지 말씀에 의하면 예전에는 부산까지 여섯 시간이나 걸렸다고 해요

듣기 어휘·표현

1. 1) 예상됩니다 2) 준비하셔야겠습니다

3) 유의하시기 4) 알려 드렸습니다

2. 1) 지방은 2) 곳곳에서

3) 최고 4) 내내

5) 교통안전에

읽기 어휘·표현

1. 1) 훨씬 2) 농도가

3) 영향을 4) 단계로

5) 따로

2. 1) 정보가 2) 발생했을

3) 수신하고 4) 노약자석이

5) 외출

8과 부상·질병

어휘·표현

1. 1) 엑스레이를 찍고서 2) 확인하자고

3) 검사를 받으려고 4) 베였다

5) 소독약을 바르고

2.

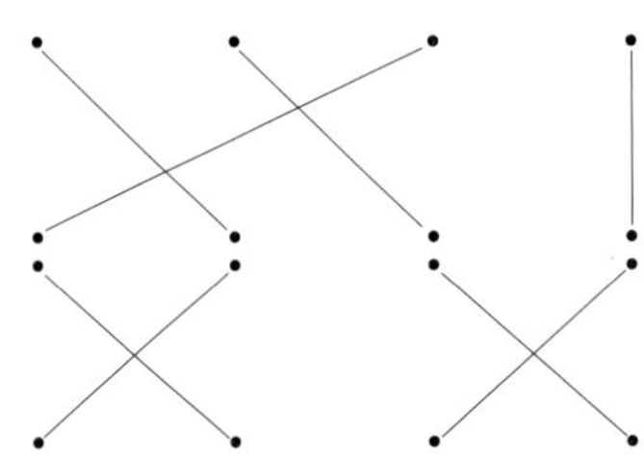

1) 상처가 난 2) 화상을 입었는데

3) 두드러기가 났다 4) 뼈가 부러져서

-다가²

1. 1) 친구가 말을 걸어서 친구에게 대답하다가 선생님 말씀을 못 들었어요

2) 중요한 문자 메시지가 와서 핸드폰을 보면서 걷다가 나무에 부딪쳤어요

3) 바빠서 위가 아픈데도 병원에 안 가고 참다가 위염이 더 심해졌어요
4) 단 것을 좋아해서 초콜릿을 자주 먹다가 충치가 생겼어요
5) 약속에 늦어서 뛰다가 계단에서 넘어졌어요
6) 밤에 더워서 창문을 열고 자다가 감기에 걸렸어요

2. (예시 답안)
1) 사탕을 먹다가
2) 장난을 치다가
3) 급하게 먹다가
4) 지우개로 글씨를 지우다가 찢어졌어요
5) 축구를 하다가 넘어졌어요
6) 교실에서 뛰다가 의자에 부딪쳤어요

-지 그랬어요

1. 1) 조심하지 그랬어요
2) 커피를 좀 적게 마시지 그랬어요
3) 미리 예방 주사를 맞지 그랬어요
4) 선크림을 많이 바르지 그랬어요
5) 미리 예매하지 그랬어요
6) 아침을 챙겨 먹지 그랬어요

2. (예시 답안)
1) 음식을 냉장고에 넣지 그랬어요
2) 말하기 연습을 많이 하지 그랬어요
3) 학생증을 미리 챙기지 그랬어요
4) 늦지 않게 좀 일찍 가지 그랬어요
5) 조심하지 그랬어요
6) 쓰레기통에 버리지 그랬어요

-(으)ㄹ수록

1. 1) 한국어를 자주 사용할수록 실력이 빨리 늘 거예요
2) 숙면을 취할수록 피로가 잘 풀려요
3) 시간이 지날수록 고향이 그리워요
4) 운동을 할수록 건강이 좋아져요
5) 바쁠수록 식사를 잘 챙겨야 해요

2. (예시 답안)
1) 사람들이 많을수록
2) 춤은 많이 연습할수록 잘 추게 돼요
3) 만날수록 더 마음에 들어요
4) 할수록 재미있어요
5) 기능이 많을수록 가격이 비싸요
6) 들을수록 좋아요

-(으)ㄹ 뿐만 아니라

1. 1) 바트 씨는 된장찌개뿐만 아니라 삼계탕도 잘 만들어요
2) 강아지뿐만 아니라 고양이도 좋아해요
3) 파마뿐만 아니라 염색도 했어요
4) 한국 문화뿐만 아니라 역사에도 관심이 많아요
5) 한국어뿐만 아니라 영어도 할 수 있어요

2. 1) 농구를 좋아할 뿐만 아니라 잘해요
2) 멋있을 뿐만 아니라 성격도 진짜 좋아요
3) 자세를 고칠 수 있을 뿐만 아니라 혈액 순환에도 좋아요
(예시 답안)
4) 규칙적으로 운동을 할 뿐만 아니라 먹는 음식에도 신경 써요
5) 교통편이 좋을 뿐만 아니라 집주인도 친절해요
6) 맛있는 걸 많이 먹었을 뿐만 아니라 정말 즐거운 시간을 보냈어요

듣기 어휘·표현

1. 1) 심해진다고　2) 되물은
3) 줄이라는　4) 생겼을지도
5) 끼면

2. 1) 증상이다　2) 이어폰을
3) 주변이　4) 소리를

읽기 어휘·표현

1. 1) 어패류는　2) 세균이
3) 복통　4) 기본적인
5) 기적이라고

2. 1) 소홀하게　2) 자랄

3) 조리되어　　4) 상해서

5) 발생할

종합문제 01-08과

1. ②　2. ③　3. ①　4. ③

5. ③　6. ③　7. ③　8. ②

9. ③　10. ①　11. ②　12. ②

13. 걸리다　14. 들다　15. 바르다　16. 쌓이다

17. 끼다　18. ③　19. ③　20. ②

21. ④　22. ①

23. 1) 먹고서
 2) 설명에 의하면
 3) 식습관뿐만 아니라
 4) 취하며

24. 1) 처음이라서
 2) 등록할까 하는데
 3) 해 드리는 대신에
 4) 바빠 가지고

25. 1) 엄마에게 안겼어요
 2) 경찰에게 잡혔어요
 3) 개에게 물렸어요

26. 1) 찢어져 있다
 2) 옷걸이에 걸려 있다
 3) 깨져 있다
 4) 쌓여 있다
 5) 의자에 앉아 있다
 6) 벽에 붙어 있다

27. (예시 답안) 많이 다쳤다면서요?

28. 있어야

29. 공부하게

30. 퇴근 시간이라서

31. 여행했던

32. 도서관에 가 보든지 선생님께 물어보든지 해

33. 형만 못해요

34. 준비하시기 바랍니다

35. 1) 이 배우처럼 하고 싶은데 저한테도 어울릴까요
 2) 월세가 비싸 가지고 이사했는데 생활하기가 불편하네요
 3) 전화가 자주 끊기고 상대방 목소리도 안 들려요
 4) 통인 시장에 가니까 괜찮던데 한번 가 보세요
 5) 과제 때문에 컴퓨터를 오래 했더니 목하고 허리가 아파
 6) 목이 아플 때는 따뜻한 물을 마시든지 마스크를 쓰든지 해 봐
 7) 수업에 늦어서 서두르다가 빙판길에서 미끄러졌어요

36. 1) 먹곤 했어요
 2) 아파요
 3) 지각하지 않게
 4) 더워 가지고
 5) 누워 있어요

9과 학교생활 2

어휘·표현

1. 1) 전공　2) 예체능
 3) 광고홍보학을　4) 경제학
 5) 식품영양학을

2. 1) 입학 안내서　2) 자기소개서와
 3) 제출　4) 면접시험

3. 1) 수강　2) 강의실이
 3) 교재가　4) 과제는
 5) 성적을

-도록 하다

1. 1) 만들도록 하세요
 2) 질문하도록 하세요
 3) 늦지 말도록 하세요
 4) 챙겨 먹도록 하세요

5) 술을 드시지 말도록 하세요

2. (예시 답안)

1) 도와 드리도록 하겠습니다

2) 가지고 오도록 하겠습니다

3) 늦지 않도록 하겠습니다

4) 내일 오후에 찾아 뵙도록 하겠습니다

5) 읽어 보도록 하겠습니다

6) 말씀드리도록 하겠습니다

에 따라

1. 1) 나이에 따라 달라요

2) 장소에 따라 달라요

3) 날씨에 따라 달라요

4) 사람에 따라 달라요

5) 식당에 따라 달라요

6) 한국어 실력에 따라 달라요

2. (예시 답안)

1) 친구에 따라 달라요. 반말로 이야기하는 친구도 있고 반말을 안 하는 친구도 있어요

2) 시간에 따라 달라요. 점심시간에는 사람이 많고 3시부터 5시까지는 사람이 없어요

3) 좌석에 따라 달라요. 앞에 있는 좌석은 비싸고 뒤에 있는 좌석은 싸요.

4) 요일에 따라 달라요. 평일에는 싸고 주말에는 비싸요

5) 요금에 따라 달라요. 요금이 많이 나오면 카드로 내고 조금 나오면 현금으로 내요

-아/어 놓다

1. 1) 만들어 놓았어　　2) 해 놓고

3) 챙겨 놓았어요　　4) 계산해 놓았어요

5) 올려 놓았어　　6) 메모해 놓으세요

2. 1) 그럼, 나는 케이크를 준비해 놓을게

2) 나는 선물을 준비해 놓을게

3) 나는 음식을 준비해 놓을게

4) 나는 기타를 준비해 놓을게

5) 나는 풍선을 준비해 놓을게

-ㄴ다면/는다면

1. 1) 사용할 수 없다면　　2) 돌아간다면

3) 없다면　　4) 먹는다면

5) 산다면　　6) 입학한다면

2. (예시 답안)

1) 만약 2주일 동안 쉴 수 있다면 고향에 다녀오고 싶어요

2) 남자 친구가 있다면 같이 영화를 보고 싶어요

3) 갑자기 많은 돈이 생긴다면 자동차를 사고 싶어요

4) 원룸에서 혼자 살게 된다면 방을 예쁘게 꾸미고 싶어요

5) 만약 3일밖에 못 산다면 가족들과 함께 시간을 보내고 싶어요

6) 결혼해서 신혼여행을 간다면 영국 런던이나 프랑스 파리로 가고 싶어요

듣기 어휘·표현

1. 1) 먼저　　2) 가장

3) 다음은　　4) 한번

5) 마지막으로

2. 1) 관심이　　2) 친목을

3) 실력이　　4) 기초

5) 전통

읽기 어휘·표현

1. 1) 만약　　2) 모국어로

3) 경험을　　4) 광고를

5) 인턴

2. 1) 이해하려고　　2) 쌓기

3) 마치고　　4) 성장하는

5) 지원한

10과 외모·성격

어휘·표현

1. 1) 코가 높다　　2) 키가 크다

3) 단발머리이다　4) 날씬하다
5) 입이 크다　6) 어깨가 넓다
7) 통통하다　8) 인상이 좋다

2. 1) 집어서　2) 말랐다
3) 통통해서　4) 체격이 좋다
5) 인상이 좋다고

3. 1) 내성적이다　2) 고집이 세다
3) 사교적이다　4) 유머 감각이 있다
5) 무뚝뚝하다

-나/(으)ㄴ가 보다

1. 1) 산을 좋아하나 봐요
2) 저 옷이 유행인가 봐요
3) 영화가 슬픈가 봐요
4) 친구들에게 인기가 많은가 봐요
5) 급한 일이 있나 봐요
6) 열심히 공부하나 봐요

2. (예시 답안)
1) 영화가 재미있나 봐요
2) 배가 아픈가 봐요
3) 오늘이 생일인가 봐요
4) 핸드폰이 고장 났나 봐요
5) 감기에 걸렸나 봐요

3. (예시 답안)
1) 벽에 춤을 추는 그림이 붙어 있어요. 춤을 좋아하나 봐요
2) 방에 옷이 떨어져 있어요. 아침에 시간이 없었나 봐요
3) 탁자 위에 남자와 함께 찍은 사진이 있어요. 남자 친구가 있나 봐요
4) 책이 많이 있어요. 책을 좋아하나 봐요

-게 하다

1. 1) 엄마가 밤 10시 전에는 자게 하셨어요
2) 엄마가 매일 운동을 하게 하셨어요
3) 선생님께서 매일 30분씩 책을 읽게 하셨어요
4) 선생님께서 수업 후에 청소를 하게 하셨어요

2. 1) 하게 하세요
2) 보게 하세요
3) 청소를 하게 할게
4) 가게 하세요
5) 못 타게 하니까
6) 못 하게 해서

-느라고

1. 1) 친구가 와서 공항에 가느라고 학교에 못 왔어요
2) 친구하고 큰 소리로 이야기하느라고 전화벨 소리를 못 들었어요
(예시 답안)
3) 점심을 못 먹다 → 점심 때 급한 일을 하느라고 점심을 못 먹었어요
4) 잠을 못 자다 → 어제 시험공부를 하느라고 잠을 못 잤어요
5) 청소를 못 하다 → 어제 좋아하는 드라마를 보느라고 청소를 못 했어요
6) 쓰기 숙제를 못 하다 → 어제 발표 준비를 하느라고 쓰기 숙제를 못 했어요

2. 1) 공부를 하느라고
2) 데이트를 하느라고
3) 발표 준비를 하느라고
4) 병원에 가느라고

3. 1) 걸려서　2) 넘어져서
3) 하느라고　4) 고장 나서
5) 보느라서

-아/어 가지고[2]

1. 1) 숙제를 해 가지고 선생님께 제출했어요
2) 선물을 사 가지고 친구에게 줬어요
3) 편지를 써 가지고 엄마께 드렸어요
4) 채소를 썰어 가지고 볶음밥을 만들었어요
5) 요리를 해 가지고 가족들과 나누어 먹었어요

2. (예시 답안)

1) 한국어를 배워 가지고 한국 회사에 들어갈 거예요

2) 내일까지 써 가지고 오세요

3) 부모님이 좋아하시는 음식을 사 가지고 가세요

4) 집에 싸 가지고 와서 나중에 먹으면 맛있어요

듣기 어휘·표현

1. 1) 편하지　　2) 신경을 써

3) 걱정이 많은　　4) 상처가 될

2. 1) 최선을 다한다　　2) 다른데도

3) 판단하고　　4) 소심한

5) 솔직하게　　6) 관심이 없다

읽기 어휘·표현

1. 1) 차리셨어요　　2) 넉넉하게

3) 헤어질지　　4) 잔소리하실

5) 털어놓는

2. 1) 발이 넓은　　2) 손이 큰

3) 눈이 높은　　4) 귀가 얇은

11과 한국

어휘·표현

1.

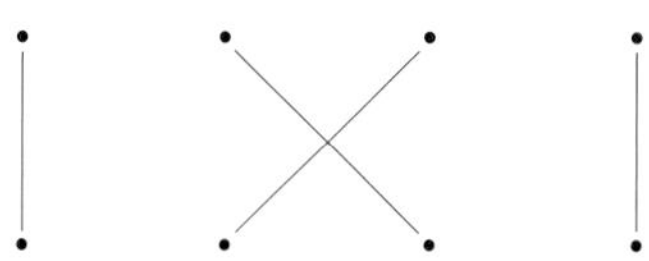

1) 차례를 지내거나　　2) 윷놀이를 하면서

3) 세배를 드리고　　4) 소원을 빌기도

2.

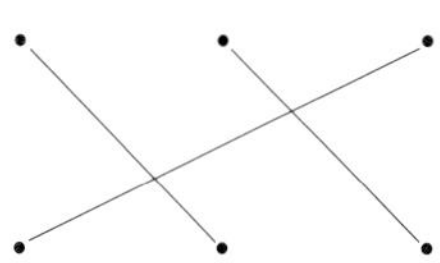

3. 1) 독립한　　2) 기념하는

3) 세운　　4) 돌아가신

-기도 하고 -기도 하다

1. 1) 잠을 자기도 하고 쇼핑을 하기도 해요

2) 음식을 배달시키기도 하고 직접 요리하기도 해요

3) 선물을 주기도 하고 축의금을 주기도 해요

4) 재미있기도 하고 슬프기도 해요

5) 영화관에 가기도 하고 집에서 보기도 해요

2. (예시 답안)

1) 친구를 만나기도 하고 여행을 가기도 해요

2) 커피를 마시기도 하고 세수하기도 해요

3) 음식을 배달시켜 먹기도 하고 즉석식품을 먹기도 해요

4) 게임을 하기도 하고 노래방에 가기도 해요

5) 클래식 음악을 듣기도 하고 케이팝을 듣기도 해요

-ㄴ다니까/는다니까

1. 1) 내일 눈이 많이 온다니까 빙판길을 조심하세요

2) 지금 마트에서 돼지고기를 할인한다니까 마트에 사러 가요

3) 요즘 설악산 단풍이 아름답다니까 주말에 구경하러 가요

4) 한국 사람들은 여름에 삼계탕을 먹는다니까 우리도 먹으러 가요

5) 승강기가 고장 났다니까 걸어서 올라가세요

2. (예시 답안)

1) 비가 온다니까

2) 명동에 유명한 식당이 있다니까

3) 병원에 입원했다니까

4) KTX가 빠르다니까 KTX를 타세요

5) '송편'이라는 떡을 먹는다니까 먹어 보세요

6) 결혼식에 갈 때 정장을 입는다니까 정장을 입으세요.

만 해도

1. 1) 작년만 해도 한국어를 잘 못했는데 지금은 잘해요

2) 10년 전만 해도 우리 동네는 시골이었는데 지금은 도시가 되었어요

3) 한국에 오기 전만 해도 외국인 친구가 없었는데 지금은 많아요

4) 초등학생 때만 해도 통통했는데 지금은 말랐어요

2. (예시 답안)

1) 지난 학기만 해도 친하지 않았는데

2) 작년만 해도 잘 맞았는데

3) 처음 한국에 왔을 때만 해도 못 먹었는데

4) 고등학생 때만 해도 안 마셨는데

5) 작년만 해도 못했는데

6) 중학생 때만 해도 키가 작은 편이었는데

-다니

1. (예시 답안)

1) 약속을 어기다니 좀 실망했어

2) 비가 적게 오다니 이상해요

3) 이렇게 한국어를 잘하다니 대단해요

4) 그렇게 길게 쉬다니 부러워요

5) 갑자기 귀국하다니 아쉬워요

6) 아직도 기억하다니 감동했어

듣기 어휘·표현

1. 1) 집어 2) 비벼

3) 섞여서 4) 낯설고

2. 1) 열리고 2) 나눠

3) 올리고 4) 싸

읽기 어휘·표현

1. 1) 신기하고 2) 다정하게

3) 듭니다 4) 멀어지고

5) 간직했으면

2. 1) 치기도 2) 끼고

3) 종종 4) 사이인데도

12과 고민 상담

어휘·표현

1.

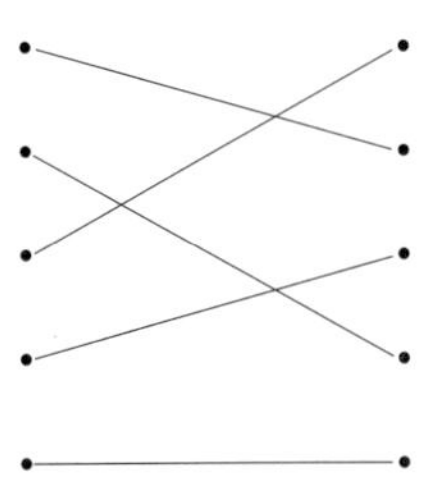

1) 성격이 잘 맞아서 2) 말이 잘 통한다

3) 한국어가 서툴러서 4) 돈을 낭비하는

5) 오해가 생긴

2. 1) 조언을 듣고 2) 속상해서

3) 해결할 4) 관계가 나빠지는

5) 자신감이 없어져요

3. 1) 짜증이 났어요 2) 조언을 구했어요

3) 사과하는 4) 대화로 푸는

-(으)ㄹ까 봐

1. 1) 발표를 잘 못할까 봐

2) 사과를 받지 않을까 봐

3) 날씨가 많이 추울까 봐

4) 반대하실까 봐

5) 잘 못 볼까 봐

6) 많이 다쳤을까 봐

2. 1) 비가 올까 봐

2) 고기가 상할까 봐

3) 길이 많이 막힐까 봐

4) 음식이 부족할까 봐 많이 준비했어요

만큼

1. 1) 바트만큼 2) 어른만큼

3) 압둘라만큼 4) 백화점 옷만큼

5) 제주도만큼

2. (예시 답안)

1) 제주도는, 제주도만큼

2) 우리 집이, 우리 집만큼

3) 부모님을, 부모님만큼 사랑하는 사람은 없어요

4) 농구가, 농구만큼 재미있는 것은 없어요

5) 건강이, 인생에서 건강만큼 중요한 것은 없어요

3. 1) 만큼 2) 만큼, 만큼

3) 처럼 4) 처럼

-아/어 달라고/주라고 하다

1. 1) 이 책 좀 들어 달라고 했어요

2) 커피 좀 사 달라고 했어요

3) 오늘 방 청소 좀 해 달라고 했어요

4) 숙제 좀 도와 달라고 했어요

5) 카오루한테 커피를 사 주라고 했어요

6) 카오루한테 책을 빌려주라고 했어요

7) 카오루 숙제를 도와주라고 했어요

2. 1) 칠판 글씨를 지워 달라고 하셨어요

2) 카오루에게 바닥에 떨어진 책을 주워 달라고 했어요

3) 선생님께 글씨를 좀 크게 써 달라고 했어요

4) 책을 마키한테 전해 주라고 했어요

5) 연필을 빌려 달라고 했어요

6) 압둘라에게 펜을 빌려주라고 했어요

7) 자기한테도 펜을 빌려 달라고 했어요

-아/어 버리다

1. 1) 끝내	2) 먹어
3) 외워	4) 자
5) 버려	
2. 1) 꺼 버렸더니	2) 잘라 버렸어요
3) 팔아 버렸어요	4) 써 버렸거든요
5) 와 버렸어요	
3. 1) 말해 버렸어요	2) 버려 버렸어요
3) 찢어 버리고	4) 빼 버렸어요

듣기 어휘·표현

1. 1) 익숙해졌는데	2) 늘
3) 다가가	4) 서투른데
5) 가져	6) 가입해서
2. 1) 습관	2) 짜증이
3) 근처	4) 소용이

읽기 어휘·표현

1. 1) 댓글을	2) 직접
3) 온라인으로	4) 익명으로
2. 1) 안부를	2) 한턱
3) 결례	4) 전문적으로
5) 스스로	6) 자랑을

13과 연애·결혼

어휘·표현

1. 1) 청첩장	2) 신부
3) 신랑	4) 신혼여행

2. 1)
2)
3)
4)

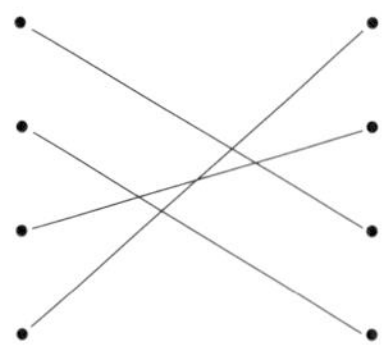

3. 1) 설레서	2) 통하는
3) 반했던	4) 고백하세요
5) 빠져서	6) 청혼했다면서요

-ㄴ대요/는대요, -대요, (이)래요, -냬요, -(으)래요, -재요

1. 1) 2시간쯤 걸린대요

2) 모두 8,000원이래요

3) 정말 재미있었대요

4) 전국이 흐리고 저녁부터 비가 올 거래요

5) 중간시험이 끝나고 갈 거래요

6) 우편물이 와서 배송하려고 하는데 집에 있냬요

7) 저녁에 같이 남산 야경을 보러 가재요

8) 오늘 깁스를 하고 2주 후에 다시 오래요

9) 동해 바다가 정말 아름답대요

2. 1) 하루에 두 끼를 먹는대요

2) 아르바이트를 할 거래요

3) 남이섬에 가재요

4) 한국 노래를 배웠대요

5) 이번 주말까지 발표문을 제출하래요

(예시 답안)

6) 무료래요

7) 엽전 도시락이 유명하대요

만에

1. 1) 한 달 만에

2) 일주일 만에

3) 1년 만에

4) 3일 만에

5) 6개월 만에

6) 오랜만에

2. 1) 시작한 지 6개월 만에 토픽 3급에 합격했어요

2) 잃어버린 지 1시간 만에 경찰서에서 전화가 왔어요

3) 출발한 지 2시간 만에 도착했어요

4) 산 지 하루 만에 고장이 났어요

5) 사귄 지 1년 만에 결혼하는 거예요

6) 취직한 지 10년 만에 집을 샀어요

-던

1. 1) 어렸을 때 매일 가지고 놀던

2) 데이트할 때 자주 산책하던

3) 누나가 5년 동안 타던

4) 엄마가 항상 하고 계시던

5) 조금 전에 마시던

6) 어제 보던

2. 1) 조금 전에 보던 책이

2) 아까 읽던 신문이

(예시 답안)

3) 우리 언니가 자주 하던 스카프야

4) 듣던 노래예요

5) 어렸을 때 가족들과 자주 가던 공원이에요

6) 네, 비가 올 때 어머니가 자주 해 주시던 음식이에요

을/를 통해

1. 1) 뉴스를 통해 2018년에 한국의 청년 취업률이 낮아졌다는 것을 알게 되었다

2) 일기 예보를 통해 더위가 8월 말까지 계속된다는 것을 알게 되었다

3) 한국어교육센터 공지를 통해 다음 달에 외국인 말하기 대회가 열린다는 것을 알게 되었다

4) 한국어 수업을 통해 한국에서는 집들이 선물로 세제와 휴지를 사 간다는 것을 알게 되었다

5) 한국 문화 수업을 통해 설날에 한국 사람들은 떡국을 먹고 세배를 하며 덕담을 주고받는다는 것을 알게 되었다

2. (예시 답안)

1) 일기 예보를 통해 알 수 있을 거예요

2) 대학교 홈페이지를 통해 알 수 있을 거예요

3) 부모님과 뉴스를 통해 듣고 있어요

4) 역사 드라마를 통해 공부하면 재미있을 거예요

5) 저는 한국 유학을 통해 한국의 언어와 문화를 배우고 싶습니다

6) 유학 생활을 통해 스스로 계획해서 생활할 수 있게 되었습니다

듣기 어휘·표현

1. 1) 일부러 2) 기회를

3) 관심이 4) 왠지

2. 1) 젊고 2) 사귈

3) 떨려서 4) 데려다주었다고

읽기 어휘·표현

1. 1) 대상으로 2) 결과에

3) 적령기에 4) 절반

5) 순으로

2. 1) 답한 2) 나타났다

3) 실시했다 4) 늦어졌다

14과 언어생활

어휘·표현

1. 1) 글-언어 2) 말-언어

3) 표정-비언어 4) 몸짓-비언어

2. 1) 고유어와 2) 한자어

3) 외래어가 4) 의성어도

5) 의태어도

3. 1) 부탁하다 – 혹시 시간이 있으면 나 좀 도와줄래?
   2) 거절하다 – 미안해서 어쩌지? 노트북을 빌려주기 어려울 것 같아.
   3) 서투르다 – 발음이 안 좋아서 그런지 한국 사람들이 제 말을 이해하지 못해요.
   4) 유창하다 – 한국 사람처럼 한국말을 잘한다는 말을 자주 들어요.
   5) 사과하다 – 어, 죄송합니다. 모르고 발을 밟았어요.
4. (예시 답안)
   1) 가: 저, 미안한데 볼펜 좀 빌려줄래
      나: 어떡하지? 내가 볼펜이 하나밖에 없어서 빌려주기 어려울 것 같아
   2) 가: 저, 미안한데 이사할 때 좀 도와줄래
      나: 어떡하지? 나도 같은 날 이사해서 도와주기 어려울 것 같아
   3) 가: 저, 미안한데 사무실에 같이 가 줄래
      나: 어떡하지? 내가 급한 약속이 있어서 같이 가 주기 어려울 것 같아

–기는요

1. 1) 한가하기는요. 요즘 일이 많아서 정신이 없어요
   2) 술을 못 마시기는요. 저보다 잘 마셔요
   3) 잘하기는요. 아직 많이 서툴러요
   4) 다 하기는요. 아직 다 못 했어요
   5) 재미있기는요. 지루해서 보다가 나왔어요
2. (예시 답안)
   1) 힘들긴요. 이제 익숙해져서 괜찮아요
   2) 좋긴요. 형제가 많아서 힘들 때도 있어요
   3) 못 먹긴요. 잘 먹어요. 매운 음식 시켜도 돼요
   4) 안 받긴요. 저도 스트레스를 많이 받아요
   5) 죄송하긴요. 괜찮아요
   6) 시간이 많이 남긴요. 별로 없어요. 이번 주까지 해야 해요

(이)라도

1. 1) 차라도 마실까요?
   2) 선물이라도 주세요
   3) 죽이라도 드셔 보세요
   4) 지금이라도 사과하는 게 어때요
   5) 내일까지라도 끝내 주세요
   6) 가까운 곳에라도 가요
   7) 같은 나라 친구한테라도 물어보세요
2. 1) A석이라도 사요
   2) 내일이라도 만나요
   3) 빵이라도 먹을게
   4) 지금이라도 가자
   5) 다른 친구하고라도 가
   6) 남산에라도 가요

–아하다/어하다

1. 1) 반가워할 거예요
   2) 부러워할 거예요
   3) 아쉬워할 거예요
   4) 행복해할 거예요
   5) 귀찮아할 거예요
   6) 속상해하실 거예요
2. (예시 답안)
   1) 제가 아팠을 때 슬퍼하셨어요
   2) 공부를 잘해서 좋은 성적을 받았을 때 행복해하셨어요
   3) 게임을 할 때 가장 재미있어해요
   4) 치킨을 가장 맛있어해요
   5) 벌레를 가장 싫어해요

와/과 달리

1. 1) 서울과 달리 부산은
   2) 어제와 달리 오늘은
   3) 형과 달리 동생은
   4) 지난번과 달리 이번에는

5) 다른 카페와 달리 우리 카페에서는

2. (예시 답안)

1) 러시아와 달리 한국에서는 꽃을 선물할 때 홀수로 줘도 괜찮아요

2) 태국과 달리 한국에서는 아이의 머리를 만져도 괜찮아요

3) 몽골과 달리 한국에서는 과일이나 차를 대접해요

4) 캐나다와 달리 한국에서는 나이가 많은 사람에게 이름을 부르면 안 돼요

5) 프랑스와 달리 한국에서는 인사할 때 키스하지 않아요

듣기 어휘·표현

1. 1) 사용하면서 2) 숙이면
3) 어린 4) 자연스럽고

2. 1) 주로 2) 살짝
3) 다시 4) 자꾸

읽기 어휘·표현

1. 1) 표정 2) 상대방
3) 손가락을 4) 좌우로
5) 동그라미를

2. 1) 흔들고 2) 움직이는
3) 어긋나는 4) 대

15과 사고

어휘·표현

1. 1) 무단 횡단을 2) 부주의로
3) 안전사고가 4) 졸음운전을

2. 1) 무시하고 2) 불이 나서
3) 빠진 4) 당해서
5) 떨어져서

3.

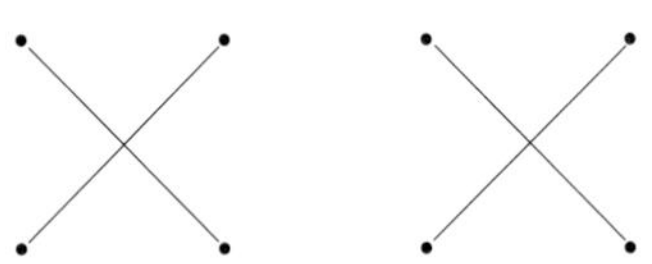

1) 안전띠를 매야 2) 손잡이를 잡는
3) 주변을 살피면서 4) 대피해야

-는 바람에

1. 1) 친구가 물을 쏟는 바람에 옷이 젖었어요
2) 냉장고가 고장 나는 바람에 음식이 상했어요
3) 책을 잃어버리는 바람에 숙제를 못 했어요
4) 계단에서 넘어지는 바람에 뼈에 금이 갔어요
5) 승강기가 갑자기 멈추는 바람에 구조대가 왔어요

2. 1) 뜨거운 물을 쏟는 바람에 화상을 입었어요
2) 개한테 물리는 바람에 바지가 찢어졌어요
3) 교통사고를 당하는 바람에 다쳤대요
4) 핸드폰을 떨어뜨리는 바람에 화면이 깨졌어요
5) 비가 오는 바람에 취소됐어요

-(으)ㄹ 뻔하다

1. 1) 책상에 손을 부딪쳤는데 너무 아파서 눈물이 나올 뻔했어요
2) 친구가 내 생일에 편지를 써 줬는데 감동해서 울 뻔했어요
3) 냉장고에 남은 음식을 넣어 놓았는데 깜박해서 못 먹고 버릴 뻔했어요
4) 한국에서 처음 지하철을 탔는데 너무 복잡해서 길을 잃을 뻔했어요
5) 친구가 갑자기 어깨를 쳤는데 깜짝 놀라서 핸드폰을 떨어뜨릴 뻔했어요
6) 컵을 떨어뜨렸는데 컵이 깨져서 다칠 뻔했어요

2. 1) 하마터면 비를 맞을 뻔했어요
2) 하마터면 늦게 반납할 뻔했어요
3) 하마터면 책을 잃어버릴 뻔했어요
4) 하마터면 불이 날 뻔했어요
5) 하마터면 놓고 갈 뻔했네

-도록

1. 1) 외국인도 이해할 수 있도록
2) 건강하게 살 수 있도록
3) 회의 장소가 덥지 않도록

4) 발표할 때 실수하지 않도록
5) 화재가 나지 않도록
6) 사고를 예방할 수 있도록

2. (예시 답안)
1) ✔ 내릴 때 물건을 두고 내리지 않도록 잘 확인해야 한다
✔ 열차와 승강장 사이에 발이 빠지지 않도록 주의해야 한다
2) ✔ 짐을 잃어버리지 않도록 잘 챙겨야 한다
✔ 비행기 출발 시간에 늦지 않도록 신경 써야 한다
3) ✔ 다른 사람에게 방해가 되지 않도록 핸드폰을 꺼야 한다
✔ 화재 시 대피할 수 있도록 비상구를 알아 둬야 한다

(으)로 인해

1. 1) 스트레스로 인해 위염에 걸리는 사람이 늘고 있다
2) 음주 운전으로 인해 도로에서 교통사고가 발생했다
3) 소음 난청으로 인해 작은 소리를 못 들을 수 있다
4) 정전으로 인해 주민들이 폭염 속에서 고생하고 있다
5) 강한 햇빛으로 인해 화상을 입을 수 있다

2. 1) 폭우로 인해 집들이 물에 잠겼다
2) 폭설로 인해 차들이 느리게 가고 있다
3) 태풍으로 인해 나무가 쓰러졌다
4) 미세 먼지로 인해 공기가 나빠졌다
5) 한파로 인해 강이 얼었다
6) 화재로 인해 집이 타 버렸다

듣기 어휘·표현

1. 1) 큰일 날 　 2) 디뎌서
3) 난리가 났어요 　 4) 구조했어요

2. 1) 다쳤다 　 2) 예방하려면
3) 나와도 　 4) 주의해야겠다

읽기 어휘·표현

1. 1) 발생한 　 2) 나타났다
3) 밝혔다 　 4) 금지해야
5) 당부했다

2. 1) 화재경보기가 　 2) 소화기나
3) 연기를 　 4) 승강기는

16과 실수·후회

어휘·표현

1. 1) 헷갈리는 　 2) 착각했어요
3) 익숙해졌어요 　 4) 깜박하고

2. 1) 말실수해서 　 2) 밟았는데도
3) 쳤는데 　 4) 쏟았는데
5) 빠트렸는데

3. 1) 아쉬워요 　 2) 창피했어요
3) 놀랐어요 　 4) 속상해요
5) 후회하고

-(으)ㄹ 걸 그랬다

1. 1) 모임에 갈 걸 그랬어요
2) 수업에 빠지지 말 걸 그랬어요
3) 열심히 공부할 걸 그랬어요
4) 서비스 센터에 맡길 걸 그랬어요
5) 화를 내지 말 걸 그랬어요
6) 공포 영화를 보지 말 걸 그랬어요

2. (예시 답안)
1) 선글라스를 가져올 걸 그랬어
2) 잘 알아보고 이사 갈 걸 그랬어요
3) 빨리 고백할 걸 그랬어
4) 팥빙수를 조금만 먹을 걸 그랬어요
5) 조금만 마실 걸 그랬어요
6) 마스크를 쓸 걸 그랬어요

-(으)ㄹ 텐데

1. 1) 내일도 일이 많을 텐데
2) 주중에 아르바이트를 하면 힘들 텐데

3) 파티에 사람이 많이 올 텐데
4) 운전을 오래 해서 힘들 텐데
5) 시험이 어려울 텐데
6) 짐이 많아서 무거울 텐데

2. (예시 답안)
1) 부모님이 실망하실 텐데 전화해서 잘 설명드리세요
2) 사람이 많을 텐데 다른 곳에 가요
3) 많이 아플 텐데 빨리 치료 받으세요
4) 실망하실 텐데 솔직하게 말씀드리는 게 좋을 것 같아요
5) 자리가 없을 텐데 교실에서 공부해요

-ㄴ다는/는다는 것이

1. 1) 7112번 버스를 탄다는 것이 7211번 버스를 탔어요
2) 오렌지를 산다는 것이 귤을 샀어
3) "안녕히 가세요."라고 말한다는 것이 "안녕하세요."라고 말했어요
4) 알렉세이 씨한테 전화한다는 것이 주드 씨에게 전화했어요
5) 샴푸로 머리를 감는다는 것이 린스로 머리를 감았어요
6) 구두를 신는다는 것이 운동화를 신었어요

-았으면/었으면

1. 1) 길이 막히는 걸 알았으면 지하철을 탔을 거예요
2) 남자 친구와 헤어지지 않았으면 결혼했을 거예요
3) 지갑을 잘 챙겼으면 잃어버리지 않았을 거예요
4) 노래를 잘했으면 가수가 됐을 거예요
5) 야식을 먹지 않았으면 체중이 늘지 않았을 거예요
6) 안전띠를 맸으면 사고가 났을 때 많이 안 다쳤을 거예요

2. (예시 답안)
1) 유통 기한을 확인했으면 안 먹었을 거예요
2) 한국 문화를 미리 공부했으면 실수하지 않았을 거예요
3) 가입했으면 한국말이 더 늘었을 거예요
4) 발견했으면 큰불이 날 뻔했어요
5) 선생님이 도와주지 않았으면 해결하지 못했을 거예요
6) 미리 말했으면 약속을 미뤘을 거야

듣기 어휘·표현

1. 1) 웃음이　2) 악수를
3) 싸움이　4) 문화가
5) 사과를
2. 1) 쫓아왔다　2) 돌아보니까
3) 낯설었지만　4) 쳐다봤는데

읽기 어휘·표현

1. 1) 소망　2) 평소에
3) 장래의　4) 후회
5) 기쁨이
2. 1) 실행해　2) 깨닫게
3) 뒤돌아볼　4) 포함돼

종합문제 09-16과

1. ①　2. ②　3. ②　4. ①
5. ③　6. ③　7. ③　8. ④
9. ④　10. ②　11. ③　12. ②
13. ③　14. ④　15. ①　16. ②
17. ④　18. ②　19. ①　20. ③
21. 1) 예전과 달리
2) SNS를 통해
3) 사용으로 인해
22. 1) 어려울까 봐
2) 슬퍼해
3) 도와 달라고 하면
4) 오지 않았으면
5) 만들어 가지고
23. 다 하기는요
24. 많을 텐데
25. 여행을 간다면
26. 넘어지지 않도록
27. 잊어버릴 뻔했어요

28. 3급 책을 가지고 온다는 것이
29~35. (예시 답안)
29. 지하철을 탈 걸 그랬어요
30. 알렉세이 씨가 마키 씨를 좋아하나 봐요
31. TV를 오래 보지 못하게 하셨어요
32. 친구를 만나기도 하고 집에서 쉬기도 해요
33. 고향에 있을 때 자주 가던 곳은 집 앞 공원이에요
34. 건강만큼 중요한 것은 없다고 생각해요
35. 한국에 오기 전만 해도 한국에 대해서 잘 몰랐는데 이제는 잘 알게 됐어요
36. 1) 자상하게 잘 챙겨 주고 항상 나를 웃게 해 줘
2) 세종 대왕이 한글을 만든 것을 기념하는 날이에요
3) 룸메이트에게 불만을 이야기하면 사이가 나빠질까 봐 걱정이에요
4) 미나랑 카오루가 사귄 지 6개월 만에 결혼한대
5) 나도 아직 다 못 해서 노트북을 빌려주기 어려울 것 같아
6) 건물 승강기가 갑자기 멈추는 바람에 그 안에 갇혔어요
7) 시험을 준비하느라고 정신이 없어서 비행기 표 예매하는 걸 깜박했어요
37. 1) 듣던
2) 자동차만큼
3) 먹다니
4) 깨끗하게 씻도록 하세요
5) 갈 수 있었을 거예요